Vorwort

Nach vielen Jahren Praxiserfahung habe ich festgestellt, dass ein guter Heiler eine gehörige Portion an Intuition und viel Wissen benötigt.

Meine Tochter P. Rosival hatte in meiner Praxis mit 11 Jahren bereits Globuli sortiert und mit 16 Jahren meine Seminare für Ärzte und Heilpraktiker mitorganisiert. Sie hat somit auch viele Vorträge von namhaften Ärzten und Therapeuten mithören können.

Nach einigen Ausbildungen wie Psychotherapie, Akupunktur, Homöopathie, Phytotherapie und in unserer intensiven 20jährigen Zusammenarbeit konnte sie sowohl ihr Wissen als auch viele Erfahrungen mit Patienten sammeln und die biochemisch-homöopathische Stoffwechselregulation zu ihrer festen Grundlage verinnerlichen.

Durch die Erfahrung der Geburten meiner Enkelkinder, bei welchen dieses Wissen seine Anwendung fand, habe ich sehen können, dass eine Schwangerschaft und der Geburtsprozess für Mutter, Vater und Kind zu einem intensiv schönen Erlebnis werden kann. Die Anleitung dazu steht im vorliegenden Buch. Diesem und allen, die es umsetzen, möchte ich meinen Segen geben.

Dr. Vera Rosival, München, 13.07.2013

Inhaltsverzeichnis

Einleitung

Teil I

Sichtweisen zur allgemeinen Gesundheit

Schwangerschaft – Geburt – Kindheit

Teil II

Teil III

Weltanschauliche Aspekte

Widmung

„Mögen alle Wesen glücklich sein
und die Ursachen von Glück erfahren.

Mögen alle Wesen frei von Leid
und den Ursachen von Leid sein.

Mögen alle Frauen sich zusammentun
und sich gegenseitig mit Wärme, Nähe, Trost,
Geborgenheit und ihrem Wissen stärken.

Mögen alle Männer sich zusammentun
und sich gegenseitig mit Mut, Kraft, Dynamik,
Stärke und Weisheit unterstützen.

Mögen wir, alle Frauen und Männer
der älteren Generation,
weise, liebevolle und fördernde Eltern
für alle Kinder dieser Welt sein."

Pythorea Petra Rosival

Einleitung

Ein positives „Ja" zum Leben

Die zukünftigen Eltern von heute werden mit Beginn der Schwangerschaft von einer unglaublichen Informationsflut überrollt. Sie werden von allen Seiten bombardiert mit guten Ratschlägen, was jetzt alles zu machen, ja nicht zu versäumen und unbedingt für das Baby vorzubereiten ist. Dazu kommen die Schauergeschichten von Freunden und Verwandten, Ärzten und Bekannten, was die generellen Risiken sind, was sonst noch alles passieren kann, wie schwierig und problematisch es ist, Kinder in diese Welt zu setzen und was man überdies alles bedenken und beachten, tun und unterlassen muss, bis der neue Erdenbürger dann schlussendlich geboren ist. Erschwerend gesellen sich zudem die eher philosophischen Bedenken hinzu, ob bei über 7 Milliarden Erdenbürgern die Erdbevölkerung nicht schon mehr als gesättigt ist. Und als Sahnehäubchen obendrauf die Frage, ob man in unserer Welt der sozialen, ökonomischen und ökologischen Schwierigkeiten eigentlich überhaupt noch Kinder zeugen soll. Auf diese Fragen muss wohl jeder selbst die Antworten in sich finden.

„Du kannst deinen Kindern deine Liebe geben, aber nicht deine Gedanken; denn sie haben ihre eigenen."

(Gibran, Kahlil)

Für diejenigen „Optimisten", die sich entschlossen haben, ein Kind zu empfangen, möge das vorliegende Buch ein hilfreicher Leitfaden sein. Es ist für all die Eltern geschrieben, die ihr(e) Kind(er) mit Selbstverständlichkeit, Natürlichkeit und einer inneren Zufriedenheit in diese Welt entlassen möchten. Ohne dabei die möglichen „dunklen" Seiten zu ignorieren, jedoch genau diese destruktiven Aspekte weder mit Gedanken, noch mit Worten oder Taten zu nähren, sondern sich zu entschließen, die konstruktiven, lebensfördernden und gesunden Seiten zu stärken. Es ist aber genauso für all diejenigen Menschen gedacht, welche nur zu gern einmal die gewohnten Denkpfade verlassen und sich für neue Sichtweisen interessieren.

Ausgehend von meiner Tätigkeit als Therapeutin und meiner Erfahrung als zweifache Mutter liegt es mir am Herzen, meinen Lesern einen Einblick in die naturheilkundlichen Möglichkeiten der Gesunderhaltung und Persönlichkeitsentwicklung ihrer Kinder zu geben.

Dieses Buch schöpft aus Eigenerfahrung und verzichtet daher auf Vollständigkeit aller Eventualitäten – es zeigt nur einen möglichen Weg von vielen.

Die Systematik des vorliegenden Buches

In Teil I dieses Buches beschreibe ich allgemeine gesundheitliche Aspekte, die für jeden Menschen von Bedeutung sein sollten, ob mit oder ohne Kinder(wunsch).

Teil I

In Teil II gilt meine Aufmerksamkeit besonders der homöopathischen und phytotherapeutischen (=pflanzenheilkundigen) Kinderwunsch-, Schwangerschafts- und Geburtsbegleitung. Ich zeige Therapiemöglichkeiten geläufiger Beschwerden auf, die auch der Laie leicht anzuwenden vermag. Hier verrate ich Ihnen wirkungsvolle „Rezepte für Mischungen" zu den unterschiedlichsten Anwendungsbereichen aus meiner Praxiserfahrung. (Bitte konsultieren Sie in jedem Fall Ihren Arzt oder Heilpraktiker, sobald Sie die „erste Hilfe" der hier genannten Möglichkeiten genutzt haben).

Teil II

Teil III ist unter anderem einer allgemeinen Betrachtungsweise von psychologischen „Stolperfallen" der Erziehung gewidmet, deren Kenntnis die Entwicklung von „schwierigen" Kinder vermeiden kann. Überdies der (gerade derzeit höchst aktuellen) Frage, wie man verhindern kann, dass trotz ungünstiger Umstände Kinder und Jugendliche „völlig außer Rand und Band" geraten. Ebenso reflektiere ich hier einige prinzipielle

Teil III

weltanschauliche Theorien, die einen Impuls zum Umdenken geben können. Großen Wert lege ich auf die Entwicklung von gesunden Bindungen innerhalb der Familie – besonders innerhalb der heutigen „Patchwork-Familie". Hierzu findet sich auch das eine oder andere „Mischungs-Rezept", welches bestimmte Umstände, Befindlichkeiten oder auch Empfindlichkeiten günstig beeinflussen kann. Denn für uns alle, (besonders) auch für Alleinerziehende und arbeitende Eltern, sollte es keine Utopie bleiben, psychisch starke und gesunde Kinder groß-werden zu lassen. Möglicherweise eröffne ich mehr Fragen, als dass ich Antworten gebe. Das wäre wünschenswert, denn wer dem Leben mit Fragen begegnet, trägt eine gewisse Offenheit in sich, die ihn sehr weit bringen kann.

In dem vorliegenden Buch werde ich Ihnen keine offiziellen wissenschaftlichen Ergebnisse weiterreichen, sondern mich bemühen, Sie als Leser mit meinen Erfahrungen und Eingebungen zu bereichern, sowie mit praktischen Hinweisen Ihren persönlichen (Lebens-)Weg zu unterstützen.

Teil I Sichtweisen zur allgemeinen Gesundheit

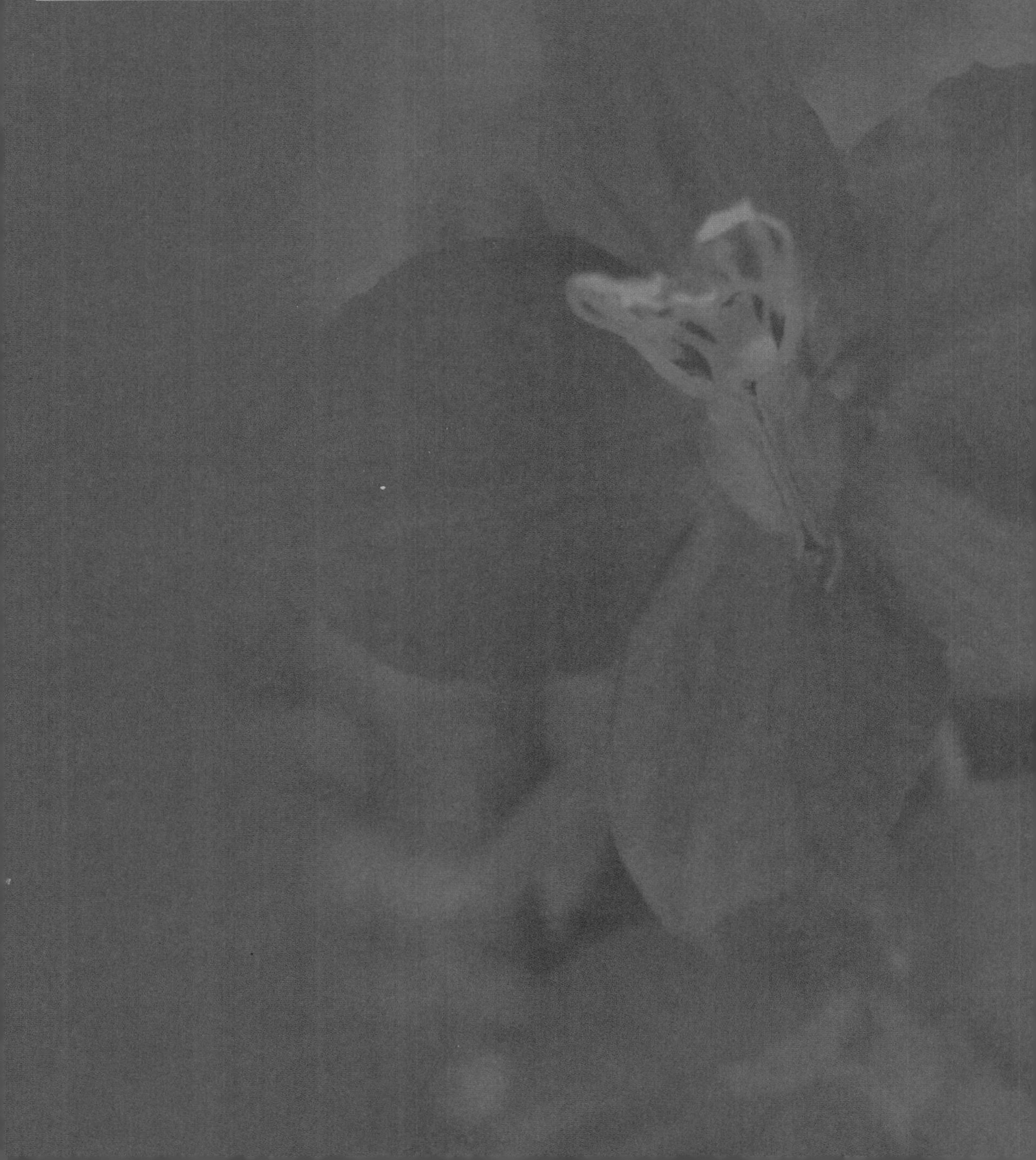

„Du bist Gast auf dieser Erde
Und die Gastfreundschaft auszunützen,
wäre unhöflich.
Dagegen sind „Gastgeschenke"
sehr förderlich für ein herzliches „Willkommen".

Der Körper ist eine Leihgabe der Erde
An Geist und Seele,
diese beleben die Erde
und somit können sich alle drei „erfahren".

Mit jedem Wesen, welches stirbt,
entlässt die Erde einen Gast, ist an
Erfahrung reicher oder hat an
Weisheit und Liebe-voller
Energie hinzugewonnen.

Und was möchtest du für die Erde bewirken?"

Pythorea Petra Rosival, 12.09.2012

Was ist Homöopathie?

Auf diesem Gebiet gibt es mittlerweile umfassende Literatur für all diejenigen, die sich mit der Entstehungsgeschichte und dem klassischen Umgang mit dieser „alternativen" Therapieform befassen möchten. Deshalb werde ich mich zu diesen Thematiken hier ganz kurz fassen.

„Die Krankheit entsteht durch Einflüsse, die den Heilmitteln ähnlich wirken, und der Krankheitszustand wird beseitigt durch Mittel, die ihm ähnliche Erscheinungen hervorrufen."

Hippokrates von Kos
(460 v. Chr. – um 370 v. Chr.)

Die Homöopathie filtert auf Grund der Symptome einen bestimmten Arzneitypen heraus, welcher spezifische körperliche, emotionale und psychische Bedingungen, aber auch Defizite, im schlimmsten Fall schon manifestierte Krankheiten hat. Das Entgegensetzen dieses Typus auf einer anderen Stufe der Entwicklungsspirale (hier: die homöopathische Potenz eines „Simile") führt zu einer Integrierung und damit zur Heilung. „Similia similibus curentur" – „Ähnliches werde durch Ähnliches geheilt". Ein Beispiel: Die Küchenzwiebel (Allium cepa), die tränende Augen und eine laufende Nase verursacht, kann homöopathisch verabreicht, genau diese Symptome bei einem Kranken heilen.

An folgendem Beispiel kann man gut verdeutlichen, wie das Zusammenwirken der äußeren Umstände auf die inneren Realitäten Einfluss nimmt: Ein Mensch, der über Jahre Amalgamfüllungen trägt, erhält dadurch permanent die feinstofflichen Informationen von Silber (homöopathisch: Argentum) neben Quecksilber und anderen Bestandteilen der Amalgamlegierung. Durch den Speichel, der mit dieser Legierung sowohl bio-physikalisch als auch chemisch reagiert, werden über den Schluckvorgang ständig diese Botschaften an das Gehirn herangetragen (Informationswiederholung). Dadurch entsteht wiederum das Arzneimittelbild von eben diesem Element (Silber). In diesem Fall wären das Prüfungsängste, verschiedene Phobien wie z. B. Höhenangst, kalter Schweiß an Händen und Füßen, hormonelle Störungen, Melancholie, Unverträglichkeit von Hitze trotz kühler Extremitäten etc. Mit einer Gabe von **Argentum nitricum D200** kann man solchen Beschwerden entgegenwirken.

Das homöopathische Arzneimittelbild

Zunächst verabreicht man mehreren gesunden Versuchspersonen regelmäßig über einen längeren Zeitraum einen bestimmten Stoff (Pflanze, Mineral, Gift, Tierchen etc.) in nicht giftigen, aber durchaus materiellen Dosierungen oder schon in einer relativ niedrigen Verdünnungspotenz. Daraufhin werden die Symptome, die bei den Probanden neu entstehen, dokumentiert und nach einem bestimmten Schema geordnet. So entsteht das sogenannte „Arzneimittelbild". Je genauer dieses dem Beschwerdebild beziehungsweise den Symptomen eines kranken Patienten gleicht, umso besser wirkt das Homöopathikum. Oder: Die Symptome, die eine homöopathische Arznei bei einem gesunden Menschen auslöst, sollten denen des Kranken so ähnlich als möglich sein, damit die bestmögliche und schnellste Wirkung erzielt werden kann.

Zurück zu unserem Beispiel: Solange das Amalgam nicht aus dem Mund entfernt wird, wird auch das homöopathische Argentum immer nur vorübergehend helfen können und deshalb die Gabe dessen ständig wiederholt werden müssen.

„Konstitutionsmittel" – „Akutmittel" – „Situationsmittel" – „Substitutionsmittel"

- Die klassischen Homöopathen bemühen sich, unter anderem durch eine ausführliche Anamnese, genau ein bestimmtes „Simile" (Ähnlichkeitsbild) herauszufiltern, welches dem Persönlichkeitstyp des Patienten am nächsten kommt – seinem „Konstitutionstyp". Das passende Mittel wäre demnach das individuelle „Konstitutionsmittel".

- Neben diesem kann man ein „Akutmittel" bestimmen. Ein Beispiel hierzu: Sie haben sich gerade den Magen verdorben, demnach brauchen Sie **Arsenicum D12**, stündlich eingenommen, bis der unangenehme Brechdurchfall verschwindet.

- Ein „Situationsmittel" wäre dann angezeigt, wenn beispielsweise ein Kind ins Skilager fährt und auf Grund starken Heimwehs Bauchschmerzen bekommt. In diesem Fall würde ich **Natrium muriaticum C30** als Einmalgabe verabreichen (siehe Teil I, Kapitel „Die Dosierung und das Wirkprinzip homöopathischer Mittel").

- Des Weiteren gibt es sogenannte „Substitutionsmittel". Das sind die Mittel, die wir unserem Körper in niedrigen homöopathischen Dosen (D1 bis D15), in Form von Schüsslersalzen oder in anderen stofflichen Zusammensetzungen (Kräutertabletten, Mineralien, Vitamine, Tinkturen oder Teezubereitungen) zuführen, um einen Mangel auszugleichen bzw. einem solchen entgegen zu steuern.

Die Dosierung und das Wirkprinzip homöopathischer Mittel

Homöopathika gibt es in unterschiedlichen Potenzierungen (Verdünnungen bzw. Verschüttelungen). Die Spanne reicht von D1 bis LM-Potenzierungen, die jeweils unterschiedlich angewendet werden sowie unterschiedlich wirken.

Niedrige Potenzen (D1 – D10) nehmen Sie sehr häufig – in akuten Fällen bis zu alle 10 Minuten. Je dringlicher dabei die Beschwerde, desto häufiger nehmen Sie das passende Mittel. Vor allem während der ersten ein bis drei Tage. Danach gehen Sie zur Standarddosierung von dreimal täglich eine Gabe über. Eine Gabe entspricht drei bis zehn Globuli (Kügelchen). Säuglingen legen Sie nur ein einziges Globuli in die Backentasche. Von den mittleren Potenzen (D12 – D30) dosieren Sie im Akutfall stündlich eine Gabe jeweils dreimal hintereinander. Danach gehen Sie zur Standarddosierung von einmal täglich einer Gabe über. Wenn Sie dann noch keine deutliche Verbesserung spüren, sollten Sie ein anderes Mittel wählen.

Hohe Potenzen (ab D30, C-Potenzen und LM-Potenzen) sind fast immer als einmalige Gabe zu sehen. Wenn Ihnen eine Gabe besonders gut getan hat, indem Sie eine sofortige Erleichterung verspüren, wiederholen Sie sie, sobald die Beschwerden wieder auftreten sollten.

Die sogenannte „Wasserglasmethode" ist eine effektive und Grundstoff sparende Möglichkeit der Einnahme homöopathischer Mittel. Sie funktioniert folgendermaßen: Geben Sie 3 – 5 Globuli oder 20 Tropfen in ein Glas Wasser und trinken Sie alle 15 Minuten einen Schluck. Sobald im Glas noch ein Rest von ca. 1 – 2 cm ist, füllen Sie es wieder auf und trinken davon jede halbe Stunde einen Schluck. Bitte unterbrechen Sie dafür aber nicht Ihren Schlaf – pausieren Sie nachts und trinken Sie einfach nach dem Aufwachen weiter.

Wichtig ist noch zu erwähnen, dass gewisse pflanzliche Mittel auf Grund ihrer Wirkung in der Schwangerschaft nicht verwendet werden (dürfen), dass man jedoch durch die homöopathische Zubereitung die Wirkung dieser Heilpflanze auf ein Maß bringen kann, welches in diesem Fall hilfreich ist und nicht (frucht)schädigend wirkt.

Mein grundsätzlicher Rat für die therapeutische Anwendung homöopathischer Mittel ist folgender: Lernen Sie, wieder auf Ihr Gefühl zu hören. Trauen Sie sich, die Mittel auszuprobieren. Sie werden sehen, am Anfang tendieren Sie wahrscheinlich zu vielen verschiedenen Mitteln und sind noch etwas unsicher. Aber durch die stete Anwendung und Erfahrung der Wirkung der einzelnen Substanzen werden Sie zunehmend sicherer und suchen Ihre persönlichen Mittel genauer und differenzierter aus. Vertrauen Sie sich ruhig – Sie allein wissen am besten, was Sie brauchen und was Ihnen gut tut.

Um die Wirkung einer „Hoch"-Potenz zu steigern kann man eine Gabe von dieser in ein Schnapsglas mit Wasser geben, abdecken und ca 10 mal „schütteln". Dann einen kleinen Schluck nehmen, nach einer Stunde den Nächsten und den Rest am Folgetag austrinken.

Informationswiederholung

In der Homöopathie geht es nicht um die Menge, sondern um die Häufigkeit der Einnahme. Irrtümlicherweise denken viele Menschen, sie könnten statt 4 x 5 Globuli genauso gut 2 x 10 Globuli einnehmen und die gleiche Wirkung erzielen. Jedoch handelt es sich bei der Homöopathie in erster Linie um Informationsmedizin. Zum Vergleich: je häufiger wir eine Information hören, desto wahrhaftiger erscheint sie uns und desto wahrscheinlicher werden wir unsere Erfahrungsresonanz darauf aufbauen. Das heißt: Wenn Sie die Wirkung eines Mittels steigern wollen, dann verabreichen Sie es öfter – im Akutfall, wie schon erwähnt, alle zehn Minuten.

Wir kennen die Nachhaltigkeit oft wiederholter Informationen aus der Werbung und den Nachrichten oder auch vom Lernen. Hier besonders, wenn es um das Erlernen von körperlichen Abläufen geht. „Übung macht den Meister." Es funktioniert aber auch mit Wörtern, Gedanken oder auch Formen, die Sie umgeben. Das bedeutet in der Praxis: Was uns umgibt, das prägt uns.

Wie schaffen wir uns unsere Realität und wie können wir sie beeinflussen?

Unser ganzes Sein ist unter anderem ein höchst verlässliches Wiedererkennungssystem, das für unser Überleben dringend notwendig ist. Leider ist es auch anfällig für „Missbrauch" – beispielsweise für Manipulation durch Werbung. Die Werbetreibenden nutzen diese Tatsache gerne aus. Denn wenn unserem Bewusstsein oder Unterbewusstsein etwas bekannt ist und je häufiger wir etwas sehen oder hören, desto vertrauter ist es uns und um so eher werden wir zu dieser Sache greifen und sie für wahr halten.

Die drei Ebenen unseres „So-Seins"

Die drei Ebenen, auf denen sich unser „So-Sein" abspielt, sind vergleichbar mit dem Bau und dem Spielen eines Instrumentes:

1. stoffliche Ebene:

Um eine Melodie (Idee) spielen zu können, brauche ich ein Instrument. Wenn eine Saite fehlt, kann ich bestimmte Töne nicht spielen. Ich muss nun entweder kompensieren oder die Melodie umschreiben. Gehen wir davon aus, dass jeder von uns in diesem Leben einen bestimmten Plan zu erfüllen hat, so ist es wichtig, die optimalen Voraussetzungen zu schaffen, damit dieser Plan möglichst schön, reibungslos und vollständig aufgehen kann. Hierbei helfen auf der körperlichen Ebene die aufbauenden und entgiftenden Mittel (Mineralien, homöopathische Tiefpotenzen oder Phytotherapie), verschiedene manuelle Therapien (z. B. Massage, Osteopathie) oder wohl dosiertes Krafttraining.

Für einen körperlichen Aufbau muss man „substituieren".

2. emotionale und energetische Ebene:

Ein möglichst gut gestimmtes Instrument eröffnet uns die Möglichkeit, mit positiven Emotionen, hoher Motivation und wahrer Freude zu spielen. Wir alle sollten mit maximaler Effizienz unseren (Lebens-)Plan erfüllen (wollen). Dabei unterstützt uns unter anderem die Blütenessenzen-Therapie, Körperarbeit (z. B. Yoga), Atem-Therapie, Akupunktur und die Homöopathie in Form von Situationsmitteln (mittlere Stärke).

3. mentale und geistige Ebene:

Wir können auf einem Instrument einfach nur „herumklimpern". Oder wir lernen (manche langsam, manche schneller) eine Art „Melodie" zu fühlen und zu hören, bei deren Erklingen das innere Bedürfnis immer stärker wird, genau diese Melodie zu spielen beziehungsweise zu „erfüllen". Um die Melodie immer besser wahrnehmen und ihr auch folgen zu können empfehle ich Mentaltrainings, Meditation, Psychotherapie oder die Homöopathie in Form von Konstitutionsmitteln.

Ist „schlüpfrige Literatur" gefährlich?

Nach meinem Verständnis und nach meiner langjährigen Erfahrung dürfen Sie begleitend zur homöopathischen Behandlung Substanzen, welche angeblich gemieden werden sollen (Pfefferminztee, Mint-Zahnpasta, Kamillentee oder Kaffee), zu sich nehmen. Denn die Wirkungsebene ist an sich eine völlig andere. Das Verbot dieser Dinge stammt noch aus der Zeit Hahnemanns, der ebenso empfahl, keine „schlüpfrige Literatur" zu lesen. Hätte der Begründer der Homöopathie (die ja nichts anderes ist als reine „Informationsmedizin") in der heutigen Zeit des „Krieges der Informationen" gelebt, so hätte er wohl einfach empfohlen, darauf zu achten, was man konsumiert. Man muss ja als Kaffeeliebhaber die Globuli nicht mit dem Kaffee „herunterspülen". Abgesehen davon wird ein kreativer und erfahrener Homöopath solcherlei Gelüste ohnehin eher als einen Hinweis für ein bestimmtes homöopathisches Mittel erkennen.

Ich hatte einmal mit meinem klassischen Homöopathen eine kleine Diskussion darüber, ob man während der homöopathischen Mittelgabe so wirksame Pflanzen wie Kamille(ntee) zu sich nehmen dürfe. Er vertrat die Ansicht, man dürfe dies nicht, da sie die Bedingungen verändern würden. Mein überzeugender Einwand darauf war, dass ich dann folglich auch nicht mit Salz kochen dürfe, da Natrium muriaticum (Kochsalz) eines der bedeutendsten Homöopathika schlechthin sei!

Nach meinem Verständnis wirkt die Homöopathie (vor allem die höheren Potenzen) auf einer völlig anderen Ebene, als die chemischen Mittel oder die Mittel aus der Phytotherapie. Deshalb sind sie leicht und sinnvoll zu kombinieren beziehungsweise wirksam zu ergänzen.

Störende Energiefelder

Ein gesundes Lebens- und Wohnklima sollte möglichst strahlenfrei sein. Um ein solches Umfeld zu gewährleisten, ist es wichtig, Elektrosmog (Handy am Gürtel, Funkwecker auf dem Nachttisch etc.) sowie TV- und Computerstrahlen nach Möglichkeit wenigstens im eigenen Wohnbereich zu reduzieren. Besonders Nachts, wenn der Körper auf „Empfang" gestellt ist, können die Strahlungen unseren Organismus in den verschiedensten Bereichen beeinträchtigen. Auch wenn es bisher noch nicht durch groß angelegte Studien nachgewiesen ist (aus dem einfachen Grund, dass sich schwer jemand finden lässt, der solche Studien finanziert) kann man davon ausgehen, dass zu viel Elektrosmog die Hormone und andere Funktionen im Körper blockiert. Und wie es sich in meiner Praxis bereits unzählige Male gezeigt hat, sind Funkuhren im Haus – hier insbesondere neben dem Bett – meist Mitfaktoren bei der Entstehung von Nierenbeschwerden und Schlafstörungen. Im Gegenzug ist ein Schlafplatz, der frei von Funk- oder Erdstrahlen ist, extrem förderlich für die Gesundheit. Optimale Voraussetzung für ein angenehmes Wohnklima ist zudem die Verwendung von Holzmöbeln, Naturfasern, Bio-Wandfarben etc.

Die Internationale Agentur für Krebsforschung (IARC) als Teil der WHO hat niederfrequente Magnetfelder 2002 als „möglicherweise krebserregend" eingestuft.

Um von Anfang an wirklich gute Bedingungen für eine gesunde Entwicklung zu schaffen, kann man demnach so einiges im eigenen Wohnraum berücksichtigen. Neben dem strahlungsfreien Schlafplatz (Verzicht auf alle Stand-by-Geräte, Radiowecker und Computer im Schlafraum, Einbau eines „Netzfreischalters") sollten Sie beispielsweise in der Schwangerschaft darauf achten, dass keine Dachbalken über Ihrem Bauch verlaufen (kann eine Steißlage des Kindes begünstigen). Sie sollten keine Neon- oder Sparlampen verwenden – greifen Sie nur zu ganz gewöhnlichen Glühbirnen, solange es diese noch gibt (diese haben ein für unseren Körper angenehmes Farbspektrum, im Gegensatz zu den Erstgenannten, die ein diffuses Farbspektrum aufweisen).

Stahlmöbel „verwirbeln" elektromagnetische Felder.

Es ist in der Medizin schon lange bekannt, dass Stoffwechselvorgänge unter Stromeinfluss besonders reagieren. Warum sonst stören Handys medizinische Apparaturen, die auf fast menschlichem Energieniveau funktionieren? Abgesehen davon ist das menschliche Biosystem weitaus sensibler und empfindsamer als diese Geräte. Wir können natürlich auf Grund unseres Lebenswillens und starken Geistes wesentlich mehr „aushalten" als ein technisches Gerät, aber der Einfluss hinterlässt je nach Konstitution bei jedem Menschen mehr oder weniger große Spuren.

Der Geist ist stärker als die Materie – wenn er stark ist!

Auch Babyphone und Atemüberwachungsgeräte können Ihren Schlaf – und später auch den Ihres Kindes – empfindlich stören. Hier ist es besonders wichtig, das Nutzen-Risiko-Verhältnis abzuwägen. Bei schweren klinischen Indikationen muss natürlich ein solches Überwachungssystem eingesetzt werden.

Mit Skepsis betrachte ich auch die jetzt modischen Magnetmatten. Magnetfeldtherapie ist in Maßen eine hilfreiche Unterstützung, jedoch sind der Erfahrung nach die Anwendungen durch den Laien auf Dauer eher schädigend. Man kann davon ausgehen, dass das dauernde Schlafen auf Magnetmatten den ureigenen Magnetismus und somit den Bezug zum Erdmagnetismus stört.

Wenn Sie auf ein gutes Schlafklima Wert legen, können Sie sich eine Matratze aus Rosshaar und / oder Stroh zulegen – beide Materialien können einen Großteil der geopathologische Störzonen (nicht nur Wasseradern) abschirmen. Oder Sie legen sich eine Korkmatte unter das Bett.

Im Schlaf haben wir bezüglich unseres „Energiemodus" einen deutlich geringeren Schutz vor Einflüssen aller Art als im Tagesbewusstsein. Denn in der Nacht befinden wir uns auf der „Yin"-Seite unserer Energie. Unser Körper stellt seine Funktionen auf Abkühlung, Empfänglichkeit, Loslassen, Hingabe,

Anderswelten etc. Deshalb betone ich hier noch einmal die Notwendigkeit, in der Nacht besonders darauf zu achten, einen „guten" und strahlungsarmen Raum zu haben, in welchem wir uns geschützt und geborgen fühlen.

Es ist nicht notwendig, hier in eine Art hysterischen Verfolgungswahn zu verfallen. Aber diese Hinweise können dazu verhelfen, sich das Leben leichter zu machen. Führen sie jedoch dazu, den Alltag zu verkomplizieren, so haben diese Informationen ihren Zweck verfehlt. Ist unser Körper nämlich von seiner physikalischen Molekularstruktur erst richtig stabil, verkraftet er ohnehin alles leichter. Und die persönliche Stabilität ist wiederum von unzähligen Faktoren abhängig. Unter anderem kann sie dadurch geschwächt sein, dass man auf Grund einer Pilzbelastung sensibler oder empfänglicher ist. Oder aber, dass durch Amalgam und andere Schwermetalle ein erhöhtes Metallgeschehen im Körper vorhanden ist, was die Leitfähigkeit erhöht und damit die physikalische Beschaffenheit des Körpers verändert.

Die heutige Medizin ist chemisch schon sehr weit fortgeschritten. Die physikalische Realität ist jeher noch ein Stiefkind der Medizin.

Patienten, die von ihrer Konstitution her übermäßig leicht gegenüber äußeren Einflüssen, wie beispielsweise Strahlungen, empfänglich sind, kann mit der Einnahme von **Prunus spinosa summitates D1** (bzw. D2 oder D3, 2 x 10 Tropfen) geholfen werden. Denn die Schlehe ist nicht nur ein herzstärkendes Mittel, sondern schützt auch vor Strahlenschäden aller Art.

Das Milieu, der Darm und unser natürlicher Säureschutzmantel

Fast alle Menschen unserer zivilisierten Welt haben Darmpilze, die sich einerseits durch Antibiotika-Einnahmen (Antibiotika sind Pilze und inzwischen auch chemische Substanzen, die nicht nur krankheitserregende Bakterien bekämpfen, sondern auch unsere gesunden Symbionten beeinträchtigen) und die sich anderseits durch unsere Ernährungsgewohnheiten im gesamten Organismus ausbreiten können. Sie können beteiligt sein an der Entstehung von Atembeschwerden (auch Asthma), da nach der chinesischen Medizin Dickdarm und Lunge zu demselben Element (Metall) gehören und sich gegenseitig beeinflussen. Ebenso Hautleiden verschiedenster Art sind auf eine Darmdysbiose (ungesundes Bakterienzusammenspiel im Darm) zurückzuführen. Denn – und das ist wichtig zu wissen – das gesamte körperliche Milieu baut seine Kraft und Abwehr aus den im Darm vorherrschenden Bakterien auf. Diese bilden den natürlichen Säureschutzmantel der Haut. Selbst bei einer chirurgischen Händedesinfektion sind nur wenige Minuten danach fast die gleichen Bakterien auf der Hautoberfläche zu finden wie davor. Man findet zwar die äußeren Keime, die man im Alltag durch Berührung aufgenommen hat, nicht mehr. Aber diejenigen, die sich im inneren Milieu (v. a. im Darm) befinden, zeigen sich wieder auf der Haut – als eben dieser natürliche Säureschutzmantel.

Rezept für die Prostata- reinigende Mischung:

- Triticum repens D3
- Epilobium parviflorum D3
- Sabal serrulatum D3
- Eleutherococcus D6
- Tribulus terrestris D6
- Actaea spicata D6
- Archangelica D12
- Urtica dioica D8
- Acidum picrinicum D12
- Staphisagria D3

aa ad 100 ml

2 x 10 Tropfen täglich zur „Pflege", im Akutfall 5 x 20 Tropfen bis zum Nachlassen der Beschwerden

Was haben Pilze mit menschlicher Fortpflanzung zu tun?

Das Wesentliche in Bezug auf einen (unerfüllten) Kinderwunsch ist, dass die erwähnten Pilze auch in die Prostata wandern können (innerlich genauso, wie durch verschiedene „moderne" Sexualpraktiken, bei denen man sicher nicht schwanger wird). Durch Pilzgifte ebenso wie durch Bakterien in der Prostata werden die Spermien langsamer und schließlich zeugungsunfähig. Bevor Sie sich also dazu entscheiden, die Beweglichkeit der Spermien untersuchen zu lassen, ist es sinnvoll, erst einmal nach dem mikrobiologischen (Labor-)Befund zu fragen. Das Spermium sollte sozusagen steril sein, damit eine Befruchtung stattfinden kann – also frei von jeglichen Erregern. Was Sie wissen sollten: Achtet ein Mann sein Leben lang auf die Entgiftung seiner Prostata, so kann er im Alter vor der krankhaften Vergrößerung und den daraus entstehenden Krankheiten verschont bleiben.

Bei der Frau kann wiederum durch eine Pilzinfektion oder andere Erreger ein oder beide Eileiter verklebt sein. Vor allem dann, wenn in der Vergangenheit häufig ein Scheidenpilz durch starke chemische Medikamente unterdrückt wurde. Dies erschwert das Entstehen einer Schwangerschaft beziehungsweise macht sie gar unmöglich. Auch bei der Geburt birgt eine Infektion das Risiko der Übertragung auf das Neugeborene. Es könnten Augen, Haut oder Lunge des Neugeborenen mit den Erregern infiziert werden. Deshalb ist es ratsam, beizeiten eine Milieu-Sanierung durchzuführen. Mit beizeiten meine ich, bereits bevor man schwanger werden möchte (Rezepte hierzu siehe Kapitel „Schwanger werden").

Wenn man bei aufkommendem Kinderwunsch all die erwähnten Punkte berücksichtigen möchte, könnte man anfänglich die Motivation verlieren, weil es sich kompliziert und aufwändig anhört. Fängt man allerdings langsam an, die Achtsamkeit auf diese Dinge zu richten und nach und nach eine Gewohnheit nach der anderen in sein Leben zu integrieren, macht es sich in Folge durch eine starke und anhaltende Gesundheit bei der ganzen Familie bezahlt.

Noch einmal möchte ich auf die Problematik der Amalgamfüllungen hinweisen, da sie das körpereigene Milieu zu Gunsten einer Fehlbesiedelung, besonders durch Pilze, beeinflussen, denn diese ernähren sich bevorzugt von Metallen. Neben dem Metall aus Zahnfüllungen spielen hier auch Blutbestandteile wie Eisen eine Rolle. Durch einen Pilzbefall kann beispielsweise der körpereigene Eisenspiegel ohne andere medizinische Erklärung auf ein gesundheitsschädliches Niveau sinken.

Darmsanierung bei Pilzbefall

Eine Milieuschädigung des Darmes betrifft den ganzen Körper, da die Besiedelungsbakterien und Pilze der Darmflora, wie schon zuvor erwähnt, als unser natürlicher Säureschutzmantel ebenso auf der Haut als auch in der Lunge zu finden sind. (Um einen genauen Status Ihrer Darmflora zu erhalten, fragen Sie Ihren Therapeuten beziehungsweise Arzt nach einem Laborbefund.) Eine Darmdysbiose kann zu verschiedenen Symptomen führen wie Müdigkeit, Haarausfall, Konzentrationsschwäche, Depressionen, Verdauungsbeschwerden, Unfruchtbarkeit, Kopfschmerzen, Hautprobleme, chronische Nasen-Nebenhöhlen-Entzündung und andere Atemprobleme etc. Insofern kann eine Darmsanierung unterschiedlichste Symptome verschwinden lassen. Ich lege meinen Patienten gerne ans Herz, prophylaktisch einmal jährlich eine sechswöchige Entgiftungskur durchzuführen. Ich wiederhole: Die Pilze benötigen ein bestimmtes Milieu, um gedeihen zu können. Besonders das Vorhandensein von Zucker (dazu gehören auch Fruchtsäfte), Alkohol, Schwermetallen (aus den Zähnen oder dem Trinkwasser) und / oder Farb- und Konservierungsstoffen in unserem Organismus führt zu optimalen Lebensbedingungen der unerwünschten Bewohner beziehungsweise Besiedler. Eine Veränderung Ihres körpereigenen Milieus ist die Voraussetzung zur Genesung. Die Fehlbesiedelung des Darmes, sei es ein Befall durch Pilze (Mykosen, Aspergillus, Candida) oder das Nichtvorhandensein der relevanten Bakterien einer gesunden Darmflora, lässt sich mit der **nachfolgenden Kur** gut regulieren:

Halten Sie sechs Wochen lang eine Diät, bei der Sie auf Zucker, Süßigkeiten, gesüßte Getränke und Alkohol verzichten sowie weitgehend auch künstliche Farb- und Konservierungsstoffe meiden.

Trinken Sie während dieser Zeit vermehrt Gemüsesäfte – insbesondere milchsauer vergorene. Hierbei geht es nicht so sehr um die Quantität als viel mehr um die Wiederholung, also mäßig, aber sechs Wochen regelmäßig, damit sich der Körper langsam umstellen kann.

Ein Pilzbefall kann, da eine übermäßige innere „Vergiftung" durch die Bildung von Fuselalkoholen und Ammoniak stattfindet, auch zu psychischen Veränderungen wie Depression oder Aggression führen (siehe auch Kapitel „Zucker").

Sofern Ihr Laborbefund keinen Milchschimmel (Geotrichum candidum) aufweist, sind auch Buttermilch, Kefir, Sauerrahm u.ä. unterstützend. Trinken Sie Kräutertees wie Löwenzahntee, Angelikawurzel, Tausendgüldenkraut, Beifuss, Bitterklee, Andorn- und Schafgarbenkrauttee, Brennnessel und Brennnesselwurzel, Orangenschalen (oder die Teerezeptur „Verdauungsfeuer nach Pythorea", siehe Kapitel „Cholesterin"). Auch Wasser mit frischer Zitrone oder einem Spritzer Essig wirkt pilzfeindlich. Zusätzlich nehmen Sie arzneiwirksame Pflanzen- und Bitterstoffe wie Mariendistel, Grapefruitkernextrakt, Artischocke, Curcuma, Birkenblätter usw. als Kapseln (z.B. Darmsanierungskapseln nach Pythorea). Durch die Kräuter werden die Pilze abgetötet und die eigene körperliche Abwehr wird gesteigert.

Den Aufbau einer gesunden Darmflora kann man entweder durch die erwähnten milchsauer vergorenen Säfte und entsprechende Nahrungsmittel (Sauerkraut, Salz-Dill-Gurken etc.) fördern, oder durch probiotische Nahrungsergänzungen wie „Probiotik" von der Firma novis-naturalis.

Doch Achtung:

Pilze sind in unserem Körper Überlebenskünstler. Sie verstecken sich beispielsweise während einer Nystatineinnahme (Nystatin ist ein pilzabtötendes Medikament, wobei streng darauf geachtet werden sollte, dass es reines Nystatin ohne Konservierungsstoffe ist, damit die Wirkung stattfinden kann) in den körpereigenen Fresszellen, um nach so einem "Angriff" noch aggressiver wieder herauszukommen. Stärken Sie deshalb die eigene Immunabwehr mit Enzympräparaten, kaltgepressten Ölen und den empfohlenen Säften und halten Sie sich wirklich sechs Wochen strikt an die diätetischen Empfehlungen. Oberstes Gebot dabei: kein Zucker (Kohlenhydrate wie Vollkornnudeln oder -reis sind erlaubt), kein Alkohol, viel Gemüse. Zur verstärkten Schleimhautentgiftung kann man sich das morgendliche „Ölziehen" angewöhnen. Bei dieser Prozedur wird etwa 1 EL Sonnenblumenöl 10 Minuten lang in der

Bei einer Pilzinfektion in der Schwangerschaft sollte kein Nystatin eingenommen werden. Aber es bewirkt schon einige Entlastung, wenn Sie Zucker meiden und **Borax D4** 3 x täglich einnehmen.

Mundhöhle hin und her gewälzt: drücken Sie es durch die Zähne und bewegen Sie es von einer Wangentasche in die andere. Schlucken Sie es bitte nicht versehentlich hinunter! Erstens schmeckt es nicht und kann abführend wirken und zweitens enthält das Öl ja die Stoffe aus dem Entgiftungsprozess (Auf diese Weise findet unser Lymphsystem eine Entlastung, da Lymphflüssigkeit in den Speichel fließt). Anschließend spucken Sie es aus und reinigen in gewohnter Weise Ihre Zähne.

Würmer

Rezept für die Mischung gegen Würmer:

- Abrotanum Urtinktur morgens 20 Tropfen, in etwas Wasser verdünnt,
- Artemisia cinae D4, 10 g Globuli (nicht zu verwechseln mit China D6, das gegen aufzehrende Durchfälle gegeben wird)
- Juglans regia D6, 10 g Globuli

Von den Globuli jeweils 3 x 5 am Tag.

Ein Befall von Parasiten beziehungsweise Würmern oder ihrer Entwicklungsformen zeigen sich durch Beschwerden, die meist in zyklischen Abständen auftreten. Würmern werden Sie mit einer Pilzkur nicht Herr. Die Symptome manifestieren sich als Jucken, vor allem in (Bett)wärme, besonders am After. (Speziell dieses Symptom wird manchmal erst auffällig, nachdem man morgens angefangen hat im Rahmen einer Wurmkur Karottensaft mit Kürbiskernöl zu trinken.) Auch auffällige Blässe und Augenringe, Gereiztheit bis Aggressivität sind Faktoren, die auf Würmer schließen lassen.

Manche Eltern kommen mit einem blassen Kind mit tiefen Augenringen in die Praxis und erzählen, dass es oft unter Kopf- und Bauchschmerzen leidet. Dazu ist es meist sehr schlapp. Soll es jedoch ruhig sitzen, lässt seine „Hibbeligkeit" dies nicht zu. Der Appetit ist schlecht, die Lust auf Süßigkeiten ist jedoch latent vorhanden. Bei diesen Kindern frage ich fast schon gewohnheitsmäßig, ob sie manchmal der Po juckt, sobald sie sich ins Bett legen. Trifft das zu, haben wir die Übeltäter schon entlarvt. Manchmal wissen es die Eltern auch schon, da sie die kleinen Maden im Stuhl wuseln gesehen haben. Dann empfehle ich der Mutter, das Frühstück auf salzig umzustellen und ihrem Kind für mindestens sechs Wochen nebenstehende Mittel zu geben.

Zudem soll der „Winterwohltee für Kinder" getrunken werden, gerne mit etwas Honig (oder Holunderblütensirup) und Zitrone verfeinert.

Der Honig bringt „Sonne" ins Gemüt, der Holunder unterstützt uns dabei mit den Widrigkeiten des Lebens hoffnungsvoll umzugehen und die Zitrone ist eine der besten natürlichen Vitamin C Quellen.

Dieser Grundmischung kann man je nach Geschmack und Bedarf folgende Kräuter beimischen:

- **Melisse** – Bei Anfälligkeit gegenüber Viren und / oder Unruhe und Schlafstörungen.
- **Pfefferminze** – Bei übermäßiger Trägheit und langsamem Begriffsvermögen und zur Erhöhung der Konzentration.
- **Lavendel** – Zum Beruhigen von „Treibaufs" / bei Nervosität.
- **Kamillenblüten** – Bei wiederholten Infekten oder einer Streptokokkeninfektion.

Die lästigen sowie hartnäckigen Würmer können sich die Kinder „holen", wenn sie im Sandkasten Sand essen, durch Schmierinfektion auf Toiletten oder vom Speichel und Fell der Haustiere. Was mir zu denken gibt: Besitzer von Haustieren entwurmen ihre Katzen und Hunde mehrmals pro Jahr. Sie richten bedauerlicherweise ihre Aufmerksamkeit nicht darauf sich selbst und ihre Kinder dementsprechend zu therapieren, selbst dann nicht, wenn die Haustiere mit ins Bett dürfen.

Sieht man sich die empirische Medizin unserer Vorfahren genau an, fällt auf, dass das Thema „Entwurmung" einen hohen Stellenwert aufweist. Es finden sich sehr viele Heilkräuter, die „Wurm" in ihrem Namen tragen, wie Wurmkraut, Wurmfarn etc. Auch das gute alte Rizinusöl und der Einlauf waren in der Hausapotheke unserer Großmütter Standard. Die Wirksamkeit ist heute noch gut. Unser Organismus kämpft nach Kräften gegen diese Parasiten und wir können ihn mit einer stabileren

Teerezeptur „Winterwohl für Kinder":

- Erdbeerblätter
- Himbeerblätter
- Anserine
- Lindenblüten
- Gundelrebe
- Sanikel (Heiligenkraut)
- Holunderblüten
- Ringelblume
- Odermenning
- deutsches Eisenkraut

Jeweils zu gleichen Teilen mischen und eine Tasse am Tag trinken lassen, bei akuten Entzündungen eine ganze Kanne zubereiten, Zitrone und Holunderblütensirup (bei Erkältungen auch eine Scheibe Ingwer) hinzufügen und so viel, wie das Kind schafft, trinken lassen.

Gesundheit dabei unterstützen. Ignorieren wir diese Fremdbesiedelung, so sind verschiedene Mangelerscheinungen die Folge. Das wiederum schwächt die Immunabwehr. Je länger man unter Würmern leidet, desto schwieriger wird die Behandlung. Und zwar deshalb, weil der Körper irgendwann beginnt, ganz massiv auf genau die Stoffe zu reagieren, die ihn eigentlich in der eigenen Abwehr gegenüber diesen Kleinstlebewesen stärken würden. Was bedeutet das? Dann verträgt man beispielsweise keine Bitterstoffe – es wird einem schlecht davon. Oder man reagiert allergisch auf ätherische Öle, die fast alle eine desinfizierende und entwurmende Wirkung haben. Oder man entwickelt eine Abneigung gegen Gemüse. Dafür entwickelt man einen immensen Appetit auf eben die Stoffe, welche die Würmer bevorzugen: Zucker und schwache Dosierungen von Alkohol.

Im Blutbild findet man Hinweise auf einen parasitären Befall über die beiden Werte „Eosinophile" oder „Monozyten". Ist der Wert der Eosinophilen, der ursprünglich bei Null sein sollte, erhöht, spricht das für eine Belastung durch kleine Würmer (Maden, Hakenwürmer), Einzeller (Trichomonaden, Chlamydien, Amöben) oder auch durch Pilze. Da wir in der heutigen Zeit im Allgemeinen der Mikrobiologie etwas weniger Bedeutung beimessen und uns zudem an Durchschnittswerte gewöhnt haben, wird der unkritische Laborwert für die Eosinophile schon einmal bis auf den Wert 7 hochgestuft. Interessanterweise ist dieser Wert auch ein Indiz für eine allergische Disposition. Deshalb gehe ich davon aus, dass ein derartiger Fremdbefall auch Allergien auslösen kann. Der Grund: da wir durch die Stoffwechselprodukte sowohl von Würmern als auch von Pilzen übersäuert werden und eine Allergie nur in einer solchen Übersäuerung überhaupt erst möglich ist.

Es besteht ein Zusammenhang zwischen Fremdbesiedelung und Allergien.

Der zweite in dem Zusammenhang interessante Wert sind die Monozyten. Früher lediglich bis zum Wert 5 als gesund erachtet, werden sie heute teilweise bis zum Wert 16 toleriert. Meist vermutet man bei einer Erhöhung die Mononukleose, auch Pfeiffersches Drüsenfieber genannt (vom Epstein-Barr-Virus verursacht). Jedoch steigt dieser Wert eben auch an, wenn man in seinem Inneren größere Tierchen beheimatet, wie Spul- oder Fadenwürmer oder auch den Bandwurm.

Mögliche Maßnahmen im Kampf gegen
verschiedene Arten von Würmern:

Im Frühjahr und Sommer: Trinken Sie morgens ein Glas Karotten- oder Rote-Bete-Saft mit einem Teelöffel Kürbiskern-, Walnuss- oder Leinöl. Noch wirksamer wird der gesunde Cocktail, wenn Sie ihn mit Tabasco, Essig, Pfeffer, Salz, Koriander und den oben genannten Ölen vermengen. Die Kurzvariante: Trinken Sie statt Gemüsesaft den Saft einer frisch gepressten halben Zitrone, gewürzt mit Tabasco und Leinöl (alternativ auch Kürbiskernöl, Olivenöl, Distelöl oder Sesamöl, hauptsächlich kalt gepresst und von hoher Qualität). Danach nehmen Sie einen Teelöffel Schwedenbitter mit Wasser verdünnt zu sich (mit der zweiten „Fuhre" spült man das Öl und die Schärfe der ersten herunter).

Im Herbst und Winter: Trinken Sie morgens eine gut gewürzte Suppe oder Gemüsebrühe auf nüchternen Magen. Das Geheimnis liegt hier in der Würze: trauen Sie sich ruhig. Würzen Sie so scharf, wie es für Sie gerade noch gut erträglich ist und verwenden Sie großzügig aromatische Gewürze wie Oregano, Curcuma, Ingwer, Liebstöckel etc. aus dem Garten oder Kräuterladen. Essen sie öfter mal eine frisch geriebene Karotte, Walnüsse und Kürbiskerne (gerne auch gemahlen in Sauerrahm / Jogurt als Müsli-Ersatz). Setzen Sie Knoblauch, alle Retticharten, Rote Bete, Kraut, Kohl und Fenchel auf Ihren Speiseplan. Mit Vitamin B1 100 mg 1 x täglich schlagen Sie drei Fliegen mit einer Klappe: Sie vergraulen nicht nur Parasiten, sondern wehren auch Insekten wie Zecken und Mücken wirksam ab, denn sie mögen diesen Geruch nicht.

Läuse

Die vorherigen „Parasiten" waren die, welche sich im Körper befinden. Kopfläuse sind äußere Parasiten und bleiben der Schrecken aller Eltern. Da es unerlässlich ist, sämtliche Wäsche, mit der das befallene Kind – besonders der Kopf – in Berührung gekommen ist, zu desinfizieren, kommt bei einem Läusebefall die Waschmaschine eigentlich nie zum Stillstand. Die zuerst in Essigwasser (100 ml Essigessenz auf 2 Liter Wasser) eingelegte Wäsche wird möglichst heiß gewaschen und damit von allen unbeliebten Mitbewohnern befreit (auch Bettwanzen, Milben etc.) Hat man das Glück der Invasion im Winter bei Frosttemperaturen zu begegnen, so kann man jeweils einen Teil der Wäsche, der noch keinen Platz in der Waschküche hat, nach draußen verlagern, denn Frost macht diesen Kleinstlebewesen genauso den Garaus wie Hitze.

Für die Köpfe

Kämmen Sie das Haar über dem Waschbecken mit einem langzahnigen Nissenkamm (erhältlich in jeder Apotheke) möglichst gründlich durch, bis Sie das Gefühl haben, dass nichts mehr herausfällt. Dann verrühren Sie fünf Esslöffel Topfen (Quark, Schichtkäse) mit einem Esslöffel Apfelessig (nicht die Essenz nehmen!) und tragen die Mischung auf die Kopfhaut auf. Mit Frischhaltefolie abdecken und eine halbe Stunde einwirken lassen. Sollte es dem Kind sehr unangenehm sein, nehmen Sie den Turban natürlich früher ab. Dann werden die Haare gewaschen, am besten mit einem Teebaumöl-Shampoo und zwar in zwei bis drei Waschgängen. Als Spülung ist ein Sud aus Walnussblättern und einer Waschnuss zu empfehlen. Nach dem Waschen geben Sie ein paar Tropfen Lavendelöl auf die Kopfhaut und besprühen den gesamten Kopf mit nebenstehender Mischung.

Rezept für die Sprühmischung gegen Läuse:

- 100 ml Wasser (evtl. Lavendelwasser)
- Ampulle Vitamin B1, 2 ml
- 50 Tropfen Sabadilla Urtinktur (oder D2 / D3, falls Sie die Urtinktur nicht bekommen können).

Ein „heißer" Tipp **bei langen Haaren ist das Glätteisen.** Da bleibt keine Nisse am Leben! Hier bitte unbedingt darauf achten, dass Sie weder die Haare, noch die Kopfhaut verbrennen. Die Sprühmischung mit dem Vitamin B1 ist auch vorbeugend wirksam. Und zwar sowohl gegen Läuse als auch gegen Zecken und Mücken. Bei Zeckengefahr gebe ich zusätzlich (auch den Haustieren) **Ledum D200** und in hartnäckigen Fällen noch zweimal am Tag **Sabadilla D4** und eine Tablette Vitamin B1 (Erwachsene 200 mg, Kinder 100 mg). Beispielsweise vor und während Auslandsreisen, und zwar vor solchen, welche die Gefahr einer Malariaübertragung durch die Anopheles Mücke bergen.

Die Spülung aus Walnussblättersud hilft auch bei sämtlichen Milben und anderen Fremdbewohnern der Haut. Der Sud wird hergestellt aus etwa 100 g getrockneten Walnussblättern und zwei Litern Wasser. Die Mischung lässt man 20 Minuten auf kleiner Flamme köcheln und seiht den Inhalt durch ein feinmaschiges Sieb. Hat man die Möglichkeit, frische Blätter und junge Nüsse zu pflücken, so nimmt man bevorzugt diese. Nehmen Sie so viele davon, dass ein großer Topf (ca. 5 Liter) zum ersten Drittel mit den Walnusspflanze gefüllt ist und bis zum zweiten Drittel mit Wasser aufgefüllt wird. Diese Mischung lässt man bis zu einer Stunde leicht sieden, bevor man den Dekokt vom restlichen Inhalt trennt (durch ein Sieb oder ein altes Küchentuch). Ich verwende diese Mischung auch bei Fellproblemen von Hunden. Entweder ich bade sie darin oder sie bekommen es in der Dusche oder im Garten über ihr Fell geschüttet. Bei Hautausschlägen hat sich dieser Sud als Badewasserzusatz bewährt. Hier gibt man zusätzlich 150 g naturbelassenes Meeressalz, einen halben Becher Sahne oder Milch und einen Teelöffel fettes Öl (Oliven-, Sesam- oder Weizenkeimöl) dazu. Die Sahne und das Salz haben den Vorteil, dass das Öl gut emulgieren kann – dies hat einen rückfettenden Effekt für die Haut. (Die Walnüsse würden sonst auf Grund der vielen Gerbstoffe die Haut stark austrocknen.) Nach Belieben kann man ein paar Tropfen Lavendelöl als aromatherapeutische Unterstützung dazugeben.

Dieser Sud sollte immer frisch zubereitet werden, da er sich – mit gewöhnlichem Leitungswasser zubereitet – in wenigen Stunden verändert. Mit osmotisiertem Wasser gekocht, können Sie ihn ca. 24 Stunden lang aufbewahren.

Lavendel beruhigt die Psyche und klärt den Geist.

Wasser und Salz

Wasser und Salz sind essentiell für unsere Gesundheit. Wenn es jeweils das „Richtige" ist. Wie beispielsweise das Wasser aus einer anerkannten Heilquelle beziehungsweise naturbelassenes Salz. Wasser aus Heilquellen hat die positive Eigenschaft, unseren Organismus mit einem guten physikalischen Widerstand zu versehen, um beispielsweise Elektrosmog leichter abzufedern. Zudem sollte das Wasser möglichst „leer" beziehungsweise rein sein. Was bedeutet das? Der menschliche Organismus kann weitgehend nur organisch gebundene Mineralien aufnehmen, die Mineralien in herkömmlichen Mineralwässern sind jedoch anorganisch. Somit ist das Wasser weniger reaktionsfähig und verliert die Fähigkeit, in unserem Körper zu wirken, beispielsweise etwas zu lösen, zu binden und damit zu transportieren. Wenn der Rückstand an Mineralien im Wasser 130 mg/l nicht übersteigt, ist das Wasser „gut". Inzwischen ist es auch möglich, den Wert Mikrosiemens zu messen. Der liegt bei reinem Quellwasser oder Regenwasser deutlich unter 80 und das wäre für unseren Bedarf ideal (Näheres siehe Literaturempfehlung). Ein Osmosefilter ist eine einfache und sichere Möglichkeit, gesundes Wasser zu erhalten. Stichwort „gesundes Wasser": hier ist anzumerken, dass Meerwasser eine nahezu identische Zusammensetzung wie unser menschliches Blutplasma aufweist. Damit ist das **möglichst naturbelassene Meeressalz** (und auch das sogenannte Steinsalz, welches das Salz uralter Meere ist) in seiner Zusammensetzung beziehungsweise in seiner Information diesem am ähnlichsten. „Salz ist Salz" werden Sie vielleicht sagen. Zumal die chemische Zusammensetzung verschiedenster Speisesalze nahezu identisch ist. Wir haben fünf verschiedene Salze analysieren lassen. Diese sind tatsächlich teilweise erst im Bereich der dritten Stelle nach dem Komma voneinander abgewichen. Sie können sich jedoch leicht am eigenen Leib von der unterschiedlichen Wirkung überzeugen, indem Sie einmal 1 kg jodiertes Industrie-Salz in Ihr Badewasser schütten und vergleichsweise das Gleiche mit Meersalz, beispielsweise Atlantiksalz ausprobieren. Achtung: Bitte bleiben Sie jeweils nur so lange im Wasser, wie es Ihnen angenehm erscheint! Und machen Sie diesen Versuch nicht, wenn Sie Nieren- oder Herzprobleme haben.

Durch die Verwendung des wertvolleren Salzes (er)sparen Sie sich außerdem sämtliche industriell erstellten Mineralzusätze und Rieselhilfen, die Ihren Körper belasten können.

Jod

Heutzutage wird werdenden Müttern in der Schwangerschaft fast schon obligatorisch Eisen und Jod verordnet – auf offizielle Empfehlung der WHO. Das Jod-Thema hätte sich eigentlich schon mit dem richtigen Salz erledigt. Abgesehen davon: Der tägliche Bedarf an Jod liegt bei 80 µg – wenn man den renommierten biochemischen Schriften glauben möchte. Die heutzutage üblicherweise verschriebene Dosierung in der Schwangerschaft liegt jedoch bei 200 µg pro Tag. Selbst wenn der Bedarf in der Schwangerschaft höher ist, können die Folgen einer Überdosierung von Jod verschiedenster Art sein: übermäßige Schweißausbrüche, Angstzustände oder Herzrasen, wenn die Schilddrüse auf Grund des Überangebotes in eine Überfunktion kommt. Sollte dieses sensible Organ in Folge des Jod-Überschusses beschließen, seine Funktion zu drosseln, kommt es zu Trägheit, Antriebslosigkeit bis hin zu Depression, unnatürlicher Gewichtszunahme und andauerndem Frieren. Auch ein Einfluss auf die Hypophyse im Gehirn macht sich bemerkbar. Die Hypophyse ist das Schaltzentrum aller hormonellen Vorgänge und sendet permanent Rückkoppelungen über den Hormonstatus, der den weiblichen Hormonhaushalt und somit auch das Geburtsgeschehen reguliert. Die Zusammenhänge hier komplett zu erläutern würde den Rahmen dieses Buches sprengen, aber einen kleinen Hinweis zum Thema Medikamenteneinnahme will ich Ihnen nicht vorenthalten: Wenn

In Deutschland werden Futtermittel mit Jod versetzt.

Sie die Langzeitwirkung von einem in geringen Dosen über einen längeren Zeitraum eingenommenen bestimmten Mittel wissen wollen, so suchen Sie in einem homöopathischen Ratgeber nach dessen Namen und Wirkung. Beispielsweise schlagen Raucher unter dem homöopathischen Arzneimittelbild „**Tabacum**" nach. Für Schwangere ist besonders interessant: **Jodum, Ferrum (Eisen), Argentum** und **Mercurius** (die letzten beiden sind Bestandteile von Silberamalgam, dessen Wirkung ich ja bereits erläutert habe).

Blitzmischung oder „Erste-Hilfe-Trunk"

Rezept für die Blitzmischung:

• Cuprum met. D6
• Magnesium phosphor. D4
• Magnesium chloratum D3 (ersatzweise kann man auch eine der anderen Magnesium-Verbindungen nehmen)

Jeweils 10 Tabletten in einer kleinen Tasse heißem Wasser aufgelöst möglichst warm trinken, gegebenenfalls eine halbe Stunde später wiederholen.

Egal welche akute Beschwerde im Augenblick ansteht, ob Kopfweh, Verstopfung, Schlaflosigkeit, Übellaunigkeit, Bauchkrämpfe, Übelkeit, vorzeitige Wehen und vieles mehr: Diese Blitzmischung ist für jeden Haushalt eine große Bereicherung.

„Ein guter Koch ist ein guter Arzt" oder: Warum sind Eskimos keine Vegetarier?

Ein chinesisches Sprichwort sagt: „Ein guter Koch ist ein guter Arzt." Dem stimme ich hundertprozentig zu. Denn eine gute und liebevolle Küche bedeutet für die meisten von uns Kraft, Geselligkeit und Geborgenheit. Der Mensch ist, was er isst – das ist Fakt. Die Alchemie der Küche ist hierbei unglaublich vielfältig. Es gibt die regionale Küche, die den Bewohner dieser Region prägt und es gibt Gegenden, in denen sich der Mensch an „sein Essen" angepasst hat. So kann man in der Steppe in Kasachstan nicht erwarten, dass man als Vegetarier dort überleben würde, genauso wenig wie ein Inuit als Vegetarier alt werden würde. Anderseits können wir nicht von uns Mitteleuropäern erwarten, dass wir auf Dauer täglich rohen Fisch vertragen. Die speziellen „begleitenden" Beilagen der jeweiligen Küche aus den verschiedenen Regionen machen eigentlich immer Sinn, auch wenn die ursprüngliche Bedeutung oft verloren gegangen ist. Sie resultieren aus der Erfahrung der Menschen dieser Traditionen, die genau wussten, wie sie mit dem (für manche Erdteile drängt es mich, zu sagen: „trotz-dem"), was sie essen, gesund bleiben. Zu rohem Fisch stets Ingwer als Verdauungshilfe und Wasabi als wirksames Mittel gegen den Fischbandwurm zu essen ist mehr als sinnvoll. Wir beobachten, dass sich der Stoffwechsel der Menschen aus den verschiedenen Essenskulturen über viele Generationen hinweg genau darauf eingestellt hat. Es ist geschichtlich bekannt, dass die Römer ein kerngesundes Volk waren, solange sich hauptsächlich von Getreide und Gemüse (v. a. Kohl) ernährten.

Womit wir Europäer die meisten Probleme haben, ist die extreme Vielseitigkeit der europäischen Küche, die sich (je nach momentanem kulinarischem Trend) ganz plötzlich verändern kann. Wenn man seine Lebensführung nachhaltig verändern möchte, kann und sollte man sie nur sehr langsam auf andere Ernährungsgewohnheiten umstellen.

Eine andere Schwierigkeit ist tatsächlich die „Verzuckerung" unseres Essens. Wir nehmen heutzutage viel zu viele und vor allem „schlechte" Kohlenhydrate zu uns – dadurch wird unser Stoffwechsel komplett überlastet. Erschwerend hinzu kommt die „industrielle" Nahrung. Nicht zu vergessen die Hormone im Schlachtfleisch und den (Kuh-)Milchprodukten. Und wir wundern uns immer noch, dass Herz-Kreislauf-Erkrankungen oder Diabetes auf dem Vormarsch sind. Und das Schwierigste dabei: durch die hormonell verseuchte Nahrung oder die hormonwirksamen Nahrungszusätze wie manche künstliche Aromen, Konservierungs- und Farbstoffe, kann der weibliche Zyklus so beeinflusst werden, dass eine Schwangerschaft unmöglich wird.

Im Grunde genommen leben wir heutzutage in dem unglaublichen Luxus, dass jeder von uns sich seine persönliche Ernährungsweise genau so einrichten kann, wie es ihm am besten entspricht.

Für die Auswahl Ihres ganz individuellen Speiseplans möchte ich Ihnen hier ein paar Regeln vorstellen, die zur prinzipiellen Gesunderhaltung beitragen:

Das „Guten-Morgen-Frühstück" oder: Sauer macht lustig!

Eine angegriffene Magenschleimhaut macht es Bakterien wie dem Helicobacter pylori viel einfacher, in unserem Körper Schaden anzurichten. Diese gelten als Risikofaktoren für schwerwiegende Erkrankungen des Verdauungstrakts und fördern die „Emesis gravidorum", also übermäßige Schwangerschaftsübelkeit.

Bezüglich der frühesten Nahrungsaufnahme des Tages, unseres Frühstücks, ist es ganz entscheidend, was wir unserem Magen als erstes zur Aufgabe machen. Zur Verdeutlichung sehen wir uns unsere (Magen-)Schleimhäute einmal ein wenig genauer an: Sie sind unsere innere „Schutzschicht", mit der wir mit der „Außenwelt" sehr intensiv in Kontakt treten. Die sensible wie auch intelligente Schleimhaut entscheidet darüber, was wir in unseren Organismus aufnehmen. Was wir „durchlassen" beziehungsweise was in unseren innersten Kern (das Blut) hinein darf und was draußen bleibt. Zudem ist sie eine alchemistische Meisterin, die durch ihre Säfte das, was hinein darf, so umwandelt, dass unser Körperinneres es annehmen und optimal verwerten kann. Und sie ist auch unsere erste und wichtigste Immunabwehr. Dieses feine Organ braucht seine ureigenen Bedingungen, um seine hoch komplexe Aufgabe zu erfüllen. Unser Magen benötigt, um genügend Magensäure zu produzieren, Salz. Am besten ist hier (wie bereits erwähnt) „gutes" Salz (siehe Teil I, Kapitel „Wasser und Salz"). Mit Hilfe von Salz wird durch die chemischen Prozesse im Magen die Magensäure gebildet. Diese löst die Nahrung auf, zerstört die meisten Wurmeier und krankmachenden Bakterien und verhindert somit auch Folgeschäden wie Blähungen, Nahrungsmittelunverträglichkeiten oder Fremdbesiedelungen durch Pilze oder Parasiten.

Im Magen geschieht die erste Eiweißspaltung, bei der komplexe Eiweißstrukturen (Polypeptide) in kleine Eiweißpartikel (Peptide) geteilt werden. Die Nahrung schiebt sich weiter und irgendwann kommt der alkalische Saft der Bauchspeicheldrüse dazu, der dann aus diesen Eiweißteilchen die inzwischen so hochgelobten Aminosäuren herausbricht. Die Aminosäuren sind die grundlegenden Bausteine des Lebens, aus welchen unter anderem **Neurotransmitter, Enzyme und Hormone** zusammengesetzt sind. Das bedeutet, wenn eine Person zu wenig Aminosäuren aus dem Essen gewinnt, muss sie ihren Magen und die Bauchspeicheldrüse stärken.

Ist die Magensäure und die Bauchspeicheldrüse schwach, so kann sich kein gesunder Hormonhaushalt bilden.

Die einfachste Hilfe ist für den Magen das Schüsslersalz **Natrium chloratum D6**, 3 – 5 x täglich eine Tablette und für die Bauchspeicheldrüse **Acidum phosphoricum D6**, 3 x 5 Globuli täglich.

Für Schulkinder ist Folgendes besonders interessant: Wer sich konzentrieren muss, sollte entgegen der langläufigen Meinung Zucker vermeiden (möglichst auch chemische Nahrungsmittel) und sich mit salzigen Naschereien „pushen". Allein durch das Umstellen auf ein salziges und „deftiges" Frühstück konnte ich bereits bei vielen Kindern die Bauch- und Kopfschmerzen und den frühen Konzentrationsabfall in der Schule enorm einschränken.

Ich empfehle morgens gern einen bunten Rohkostteller, einen Thunfisch- oder Schinken-Käse-Toast, Kräuterquark mit Leinöl oder ein Omelett. Haferflocken (zuckerfrei) mit einer Prise Salz und Pfeffer, viel Zimt, etwas Kardamon und nach Belieben Vanille (zuckerfrei) zu einem Brei zerkocht (bitte ohne Kuhmilch) sind eine nahrhafte und lange sättigende Frühstücksalternative. Gerade im Winter ist auch eine wärmende Guten-Morgen-Suppe besonders angenehm. Sie verscheucht die lähmende Wintermüdigkeit, macht aktiv und schütz den Organismus vor gesundheitlichen Entgleisungen.

Wärmender Haferbrei für das Frühstück: Haferflocken, je eine Prise Salz und Pfeffer, Zimt, Vanillepulver, Kardamon und nach Belieben ein wenig Butter als „Geschmacksverstärker" mit Wasser oder Soja- bzw. Schafsmilch zu Brei verkochen.

Hier mein Rezeptvorschlag:
Den Topfboden mit Bratöl bedecken und 1 EL Butter oder Ghee darin schmelzen. Darüber soviel Dinkel-Vollkornmehl streuen,

Fast alle Gewürzpflanzen haben eine starke Wirkung. Entweder auf die Verdauung und / oder auf den Hormonhaushalt.

dass es eine gute Mehlschwitze ergibt. Paprikapulver, Kümmelpulver, Korianderpulver und nach Belieben auch Kreuzkümmel, Pfeffer und Liebstöckel hinzugeben und die Gewürze mit andünsten. Dazu kommen kleingeschnittene Kartoffeln. Nun das Ganze mit (heißem) Wasser aufgießen. Salz, Bohnenkraut und Lorbeerblätter geben dieser Suppe eine besonders leckere Note. Und wer etwas Eiweiß darin haben möchte, kann entweder ein Glas weiße Bohnen mitkochen oder am Schluss Sauerrahm hineinrühren. Auch geraspelte Zucchini, Dill und ein Schuss Zitrone sind köstlich dazu.

Rezept für die „Hallowach!"-Tee-statt-Kaffee-Mischung:

• Thymian 5 g
• Rosmarin 20 g
• Odermenning 20 g
• deutsches Eisenkraut 10 g
• Zitronenverbene 20 g
• Zitronengras 15 g
• Johanniskraut 10 g

Von dieser Mischung gießen Sie zwei Teelöffel mit 400 ml heißem Wasser auf und lassen sie 15 Minuten ziehen.

Dem obligatorischen Kaffee ist ein Kräuter- oder Früchtetee vorzuziehen. Ihren geliebten Morgenkaffee dürfen Sie gerne nach dem Frühstück trinken. Gehören Sie zu den Menschen, die glauben, ohne „ihren Kaffee" am Morgen nicht funktionieren zu können, dann empfehle ich Ihnen sehr, eine Woche lang morgens den nebenstehenden „Hallo-wach!"-Tee zu versuchen.

Sie werden überrascht sein, wie wach Sie sich mit dieser Teemischung fühlen können. Kaffee könnte man eher als ein Genussmittel oder als Medizin betrachten – auf die Dosierung kommt es an. „Ich kann nicht ohne!" wäre eine Aussage, die bereits Suchttendenzen aufzeigt.

Die Ernährung des Säuglings

Wie bereits in Teil II, Kapitel „Stillen – Nahrung für Körper und Seele" beschrieben, ist es vorteilhaft, den Geschmack der Kinder schon mit der Muttermilch zu konditionieren. Ab dem vierten Monat können Sie langsam mit Breimahlzeiten beginnen. Ein wenig Salz ist schon bei den Kleinsten für eine gute Bildung von Magensäure wichtig. Frisch gekochter Gemüsebrei ist einer Konservennahrung immer vorzuziehen. Gegen Gewürze wie Kümmelpulver, Korianderpulver oder Basilikum ist nichts einzuwenden. Sie werden sogar beobachten, dass ein Kind, das zunächst Gemüse ablehnt, dieses plötzlich gerne isst, wenn Sie es so würzen, wie Sie während der Stillzeit gewürzt haben.

Bei meinem ersten Kind war ich noch sehr verunsichert, was das Thema Zufüttern betraf. Nach meiner zweiten Schwangerschaft hatte ich gar nicht die Zeit, mir so viele Gedanken darüber zu machen. Also habe ich das, was ich für mich und die zweieinhalbjährige Schwester gekocht habe, für meinen fünfmonatigen Sohn einfach mit dem Pürierstab zerkleinert. Mit Salz, Pfeffer, Butter und Co. Frittierte Speisen für das Baby sind tabu – jedoch verbietet das der gesunde Menschenverstand von selbst. Aber Suppen, Gemüsebeilagen, Kartoffeln oder Reis sind für den kleinen Erstesser immer in Ordnung. Zur Versorgung mit essentiellen Fetten rühren Sie ab spätestens sechs Monaten einen halben Teelöffel kaltgepresstes Öl in die Getreide- oder Gemüsebreie.

In den meisten Reformhäusern und guten Biomärkten gibt es Baby-Fertignahrung aus aufgeschlossenem Vollkorngetreide. Diese Alternative zum Selberkochen erachte ich als außerordentlich kraftgebend. Kinder, die viel gutes Getreide (und Gemüse) essen werden fest und „kernig". Von übermäßig vielen Tiermilchprodukten, Industrie-Fleisch und Zucker dagegen, oder wenn sie auf Grund von Antibiotika-Gaben einen Pilzbefall haben, werden Kinder „schwammig" (weil übersäuert) und ihr Gewebe ist eher schwach.

Die Milch macht's… nur, was eigentlich?

Immer mehr Menschen reagieren heutzutage auf Kuhmilch mit Unverträglichkeit. Das mag an vielen Faktoren liegen, wie beispielsweise daran, dass man den Kühen die Hörner entfernt und sich dadurch (nachweislich, laut Demeter) die Eiweißqualität und -zusammensetzung verändert. Ausserdem haben wir Menschen keine vier Mägen wie die Kühe (Pansen, Netzmagen,

Blättermagen, Labmagen mit insgesamt 110 bis 230 Litern Fassungsvermögen!) und dadurch auch nicht die dementsprechenden Enzyme, um die Kuhmilch zu verdauen. Und der von der Natur ursprünglich angedachte Sinn der Kuhmilch ist es, in wenigen Monaten aus einem 50 kg Kalb eine 250 kg schwere Kuh zu „bauen". So kann man davon ausgehen, dass in einer schwachen Phase die naturbelassene Milch von glücklichen Kühen durchaus hilfreich sein kann. Sobald aber gesunde Erwachsene bis zu einem Liter täglich trinken, ist ein gesundes Maß sicher überschritten.

Ein wirksames Rezept gegen Osteoporose ist die Zahnmischung in Teil II, Kapitel „Fluor & Vitamin D".

Bekommt unser Körper zu viel tierisches Eiweiß, so übersäuert er. Um eine Übersäuerung auszugleichen, zieht unser Organismus Kalzium aus den Knochen. Deshalb geschieht es bei vielen älteren Menschen so häufig, dass die Osteoporose trotz vielen Milchtrinkens nicht besser, sondern immer schlimmer wird. Wir können das Kalzium in der Kuhmilch, da es makromolekular ist (als großes Molekül enthalten), nicht wirklich sinnvoll aufnehmen beziehungsweise verwerten. In Vollkorngetreide ist es mikromolekular vorhanden (als kleine Moleküle enthalten) und anders eingebunden – somit ist es für unsere Körperchemie leicht zugänglich, sofern das Getreide mindestens 30 Minuten (oder besser über Nacht) eingeweicht und ausreichend gekocht wird.

Im Ayurveda wird die Milch 20 Minuten mit Gewürzen geköchelt. So ist sie verträglicher und dient zugleich als gutes Lösungsmedium für die Heilsubstanzen der Gewürze.

Die Milch enthält u. a. Phytansäure, welche die Beta-Oxidation (Prozess im Fettstoffwechsel) stört. Dadurch können sich (Umwelt-)Gifte leichter einlagern. Ein weiterer biochemisch bedenklicher Inhaltsstoff ist das Beta-amyloidprotein. Dieses kann sich im Gehirnstoffwechsel ablagern und steht damit im Verdacht, an der Entstehung von Alzheimer beteiligt zu sein. Die ayurvedischen Heiler nennen den negativen Effekt des Milchtrinkens beispielsweise schlicht und einfach „Verschleimung". Das verhält sich beispielsweise mit Sahne anders, da bei einem höheren Fettgehalt die veränderte Zusammensetzung dazu führt, dass der Inhalt anders verstoffwechselt wird. Auch Jogurt, Quark und Käse sind unbedenklich (sofern das individuelle Maß an tierischem Eiweißkonsum eingehalten wird), da an ihrer Herstellung Bakterien beteiligt sind, die uns mit ihren Enzymen helfen, den Inhalt aufzuspalten und zu verdauen.

Die homöopathische Dosierung macht den Unterschied

Wenn ich 500 mg Kalzium einnehme, ist noch lange nicht gewährleistet, dass mein Körper diese Menge auch aufnimmt und sie dort hintransportiert, wo sie gebraucht wird. Verabreiche ich ihm hingegen mehrmals am Tag **Calcium phosphoricum D6**, so kann er das körpereigene und das über die Nahrung aufgenommene Kalzium optimal verwerten, da seine gesamte Kalziumorganisation stimuliert wird, Ordnung in diesem System zu schaffen. (Auf geisteswissenschaftlicher Ebene hat Kalzium das Thema Abgrenzung, Ordnung, Abhängigkeit, Selbstständigkeit.)

Wenige Menschen bedenken, dass eine Milchportion oder ein 250g-Jogurt eine Mahlzeit ersetzen können.

Ein ähnliches Phänomen beobachtet man bezüglich der Schilddrüse. Biochemisch gesehen braucht der Körper 80 µg Jod täglich, um bestimmte Stoffwechselfunktionen gewährleisten zu können. Wenn man ihm diesen Stoff chemisch zuführt (in Form von handelsüblichen Jod-Tabletten) ist damit noch lange nicht gesichert, dass es genau da ankommt, wo es verwertet werden kann. Von der oft verschriebenen Dosierung 200 µg Jod täglich, können sich Beschwerden einstellen, wie sie schon im Kapitel über Jod beschrieben sind. Nehmen Personen mit einem Ungleichgewicht der Schilddrüse **Jodum D6** und **Thyreoidinum D6** (3 x am Tag), beginnt die Drüse langsam wieder ihr Gleichgewicht zu finden und ausgeglichen zu arbeiten. (Vorausgesetzt, dass die Leber nicht zu sehr in ihrer Regulationsfähigkeit eingeschränkt ist.)

Unsere Schilddrüse ist sehr strahlungsempfindlich. Daher wundere ich mich nicht darüber, dass auf Grund der heutigen Verstrahlung und Radioaktivität in der Atmosphäre, dieses Organ allgemein unterstützt werden muss. Gegen den übermäßigen Einfluss krankmachender Strahlung nimmt man **Prunus spinosa D2** (gewonnen aus der Schlehe, hier bevorzugt die im Frühjahr geernteten jungen Triebspitzen).

Erschwerend kommt hinzu, dass es heutzutage fast keine Nahrungsmittel mehr gibt, welchen nicht Jodsalz beigemengt ist. Aus geisteswissenschaftlicher Sicht macht zu viel Jod aus uns den stetig suchenden und hungrigen Konsumenten, der permanent auf Reisen ist und ewiges Heimweh hat. Wir brauchen kein Jodsalz. Wir brauchen gesundes, naturbelassenes Salz. Salz, das keinerlei Zusätze wie „Rieselhilfen" o.ä. enthält und daher Feuchtigkeit ziehen und verklumpen kann. Hier macht die gute alte Angewohnheit, Reis ins Salztöpfchen zu tun, wieder Sinn – und das Salz bleibt ohne Chemie rieselfähig.

Viel hilft nicht unbedingt viel

Ich möchte mit einem Bild verdeutlichen, warum viel Stoff nicht unbedingt genau dort im Körper ankommt, wo er gebraucht wird. Wenn man zwei Lastwagen voll von Büchern in den Vorraum einer Bibliothek ausleert, heißt das noch lange nicht, dass die Informationen in diesen Büchern irgend jemandem nützlich sein können. Es braucht also mehr oder weniger intelligente „Helfer", die die einzelnen Bücher nehmen und an ihren Platz gemäß der Ordnung der Bibliothek stellen. Diese Ordnung hat sich wiederum jemand, der einen größeren Überblick hatte, einfallen lassen.

In unserem Körper übernimmt das die unbewusste Organisation der Lebenskraft, die eng an das Vegetativum geknüpft ist. Diese agiert individuell unterschiedlich: der eine würde die Bücher nach Größe ordnen, ein anderer nach Themen, wieder ein anderer vielleicht nach Farben etc.

Die Organisationsinstanz ist mit Homöopathie leicht zu beeinflussen, braucht aber wiederum Helfer (im Körper „Schleppersubstanzen" genannt, wie Jod oder rote Blutkörperchen) und Energie, um ihre Arbeit zu verrichten. Die Energie kommt bei der Nahrungszubereitung durch den Kochvorgang und bei der Herstellung von homöopathischen Mitteln durch den „Verschüttelungseffekt". Eine weitere feine Energie ist die der Pflanze selbst, wenn sie direkt von der Natur aufgenommen wird. Diese Arten der Energie sorgen dafür, dass die Stoffe im Organismus dort landen, wo sie benötigt werden.

Die Substanz und die Verdünnung oder: „Du bist, was Du isst."

„Steter Tropfen höhlt den Stein." Dieses Sprichwort ist auf den menschlichen Körper so übertragbar wie auf selten ein anderes Gebiet. Das Flüssige formt das Feste. Zum „Flüssigen" gehören auch die Emotionen sowie die Anforderungen und Aufgaben, mit denen man ständig konfrontiert ist. Ein Holzfäller hat einfach eine andere Statur als eine Primaballerina. Das ist auch der Grund, warum ein Mensch in höchstem Maße leidet, wenn er nicht nach seinen Fähigkeiten und Fertigkeiten handeln darf, sondern sein Leben durch äußere Zwänge in einer Art und Weise verbringen muss, das nicht seiner Konstitution entspricht.

„Steter Tropfen" ist beispielsweise auch unsere Nahrung. Die Art und Weise unserer Ernährung schlägt sich nachhaltig in unserem Körper und in unserem Befinden nieder. Jemand, der beispielsweise über Jahre hinweg täglich Schweinefleisch isst, braucht sich irgendwann nicht wundern über Bauchspeck und Doppelkinn. Im Tierreich wird dieses Phänomen gezielt genutzt: Bei den Wölfen gibt es eine ganz strikte Rangordnung, was das Fressen betrifft. Es herrscht ein unumstößliches Gesetz, welches Tier welche Teile der Beute (Herz, Leber, Muskelfleisch) fressen darf, um seinen Anforderungen innerhalb der Hierarchie des Rudels gerecht zu werden. Die aus der Nahrung gebildeten Hormone steuern subtil die Fähigkeiten und Fertigkeiten dieser Tiere.

Nun haben aber Tiere nicht so ein reflektiertes Bewusstsein oder die Möglichkeit des abstrakten Denkens wie wir Menschen. Und wir als Homo sapiens haben eine Esskultur entwickelt, die unserer Entwicklung entspricht. Wir können das Wesen der Pflanzen oder der Tiere wahrnehmen, welche wir uns einverleiben. Die Interaktion zwischen Nahrungsaufnahme, Umfeld und dem darin lebenden Menschen ist für mich eine Basis in der Entwicklung der verschiedenen Kulturen dieser Erde.

Der Zucker

Es ist inzwischen allgemein bekannt, dass vor allem der raffinierte Zucker für unsere Gesundheit eine echt kniffelige Angelegenheit ist. Wir brauchen zum Verdauen von Industriezucker sehr viele wichtige körpereigene Stoffe (beispielsweise Kalzium) und riskieren somit leicht Mangelerscheinungen trotz ausreichender Nahrungsaufnahme. Zum anderen verändert Zucker unser Körpermilieu: Pilze wie Candidosen (Hefepilzart) oder Aspergillus (Schimmelpilzart) haben es leicht, sich bei uns einzunisten. Bei gesunder Schleimhaut werden Spuren von Schimmel (oder große Mengen an Edelschimmel wie bei Käse, der aber nicht krank macht) und Hefen einfach verdaut. Hat der Körper jedoch ein angesüßtes Milieu, so können sich diese Pilze an den durch Gärung beschädigten Schleimhäuten festsetzen und ihr „Eigenleben" entwickeln. Sie manipulieren den Organismus dergestalt, dass man auf Zucker regelrecht süchtig wird und gerne mal einen Gusto nach kleinen Mengen Alkohol hat. Der Pilz ernährt sich davon und bildet Fuselalkohole und linksdrehende Milchsäuren. Der Körper wird permanent übersäuert und die Folge davon ist: man läuft irgendwie ein wenig benebelt durch die Welt. Auch die Leberwerte verschlechtern sich, da nicht nur die Fuselalkohole, sondern auch das sich daraus bildende Ammoniak abgebaut werden müssen. Wenn die Leber schließlich mit dem Abbau dieser Giftstoffe überfordert ist, steigt das Ammoniak in den Kopf. Die Folge sind

Kopfschmerzen. Bei Kindern kommt es oft vor, dass sie nach übermäßigem Zuckerverzehr wie „besoffen durch die Gegend rennen", fast so, als hätten sie „narrische Schwammerln" (aus dem Bayerischen frei übersetzt: psychogen wirksame Pilze) gegessen. Wenn sich der Pilz durch die Darmwand hindurchgearbeitet hat, kommt es zu Ekzemen (auch Neurodermitis) und zur Anfälligkeit der Lunge. Ich persönlich bin davon überzeugt, dass es tatsächlich möglich ist, Alkohol im Blut zu finden, ohne auch nur einen Schluck getrunken zu haben, sofern man genügend durch eine Pilzinfektion belastet ist und sich sehr zuckerlastig ernährt.

Ist durch die Übersäuerung und durch den Zucker die Magensäure erst einmal geschwächt, so können – und hier sind wir also bei der Ursache für die weiter oben erwähnten lästigen Fremdbewohner – die Würmer in unserem Körper aufleben. Ich bin sicher, dass wir alle Würmer in uns haben, denn meiner Meinung nach kommt das, was uns letztendlich im Grabe auffrisst, nicht erst durch die Sargwand gekrabbelt. Solange wir jedoch auf unser Milieu achten, sind sie auch nur latent, also in mikroskopischer Kleinstform als Eier oder Larven in uns vorhanden. Wenn wir aber beginnen, durch unsere Ernährung zu „faulen" und zu „gären", so denken diese kleinen Parasiten, sie sind schon vor ihrer Zeit an der Reihe und entwickeln sich zu fertigen Würmern. Zucker also komplett verteufeln? Sparsam! Gesüßte Kräutertees sind insofern gesundheitstechnisch zu tolerieren, da der Zucker hier ein „Medizinpferd" ist, welches die Inhaltsstoffe schneller ins Blut bringt. Ähnlich ist auch die Arzneistoffextraktion im Alkohol für Erwachsene zu werten. Der Zucker und der Alkohol schleusen die Stoffe, mit welchen sie verabreicht werden, schnell und effektiv ins Blut ein. Deshalb ist es bei passenden Kräutern oder Obstnachtischen hilfreich. Nimmt man allerdings schädliche Stoffe, wie es einige der Farb- und Konservierungsstoffe in Nahrungsmitteln sind, in Verbindung mit Zucker oder Alkohol zu sich, so ist der Schaden durch diese Verstärker umso größer.

Zucker und Alkohol sind „Medizinpferde", also wichtige Zutaten, die die Aufnahme anderer Stoffe ins Blut beschleunigen.

Das Ei

Das Ei-Eiweiß ist die reinste Eiweiß-Form, die uns Menschen zugänglich ist. Das Eigelb besitzt nahezu alle wichtigen Vitamine – und das auch noch in einer optimal verwertbaren Mischung. „Zu viele Eier sind ungesund"? Praktisch: Unser Geschmackssinn bewahrt uns ohnehin vor einer Überdosierung.

Wenn Sie Lust darauf haben, essen Sie Bio-Eier, bis Sie diese „satt haben".

Vielleicht haben Sie auch schon einmal die Erfahrung gemacht, dass, wenn Sie an einem Tag übermäßig viele Eier gegessen haben, Sie die nächsten drei Tage kein Ei mehr sehen können? Erlaubt man jemandem, der auf Grund von negativen Medienberichten und trotz ungeheurem Appetit auf Eier diese aus seiner Nahrungsliste gestrichen hat, wieder Eier zu essen (natürlich biologische aus Freilandhaltung oder vom Bauern nebenan), ist es gut möglich, dass er für zwei Wochen jeden Tag ein bis drei Eier isst. Schliesslich ist sein Hunger auf Ei irgendwann gestillt – und zwar genau dann, wenn sein Speicher voll ist. Interessanterweise erhöhen sich die Cholesterinwerte im Blut unwesentlich bis gar nicht. Die Gefährlichkeit von zu vielen Eiern ist anerkanntermaßen sogar schon wieder überholt.

Der Cholesterinwert

Das Cholesterin an sich ist im Körper ungeheuer wichtig zum Aufbau von Zell- und Gefäßwänden sowie Organhäuten und zur Bildung von verschiedenen essentiellen Hormonen.

Ein gestörter Cholesterinwert deutet auf eine gestörte Leberfunktion hin, die auf Grund von Medikamenten (besonders Impfungen), Strahlenbelastung (auch TV- und PC-Strahlen), Stress und Ärger, Fehlernährung und Infektionen sehr eingeschränkt sein kann.

Die heutige Sichtweise über das Cholesterin verhält sich aber in meinen Augen für die Allgemeinheit in etwa so: In unserem Blut schwimmen unendlich viele „fremde Teilchen", so auch

Fette. Wenn wir ungenügend entgiften und bevor diese Teilchen in den kleinen Adern große Probleme machen, „klatscht" das Cholesterin diese Teile sozusagen als „Blutpolizei" an die Wand der großen Adern. Dort ist immer noch genügend Platz, um in Ruhe auf die nächste Entgiftungskur oder Hungerperiode zu warten, in der diese Fette abgebaut werden können. Solche Hungerphasen finden in unserer überernährten Zivilisation von alleine nicht mehr statt – die gute alte Fastenkur tritt an deren Stelle.

Möglicherweise ist das Cholesterin auch dazu da, um kleine Risse in den Adern abzudichten. Die Problematisierung des Cholesterin(wertes) in den wissenschaftlichen Veröffentlichungen bedient(e) sich in meiner Vorstellung ungefähr folgender Logik: „Einige Außerirdische beobachten den zivilisierten Autoverkehr und sehen, dass überall dort, wo sich ein Unfall ereignet, kleine grüne Männchen mit grün-weissen Autos und blauem Licht anwesend sind. Bei schweren Unfällen kommen die roten dazu, die auch ein blaues Licht haben. Die Beobachter beschließen daraufhin Folgendes: „Um den Menschen zu helfen, entfernen wir alle roten und grünen Männchen und ihre Autos. So gibt es keine Unfälle mehr."

Cholesterin bildet einen guten Zellschutz und wird zum großen Teil vom Körper selbst produziert.

Jedoch Spaß beiseite: Biochemisch gibt es das LDL-Cholesterin, welches auch das „böse" genannt wird, weil es etwas flexibler ist und sich schneller verändert (teilweise schon innerhalb von Stunden) je nachdem, was man gegessen hat. Und dann gibt es das HDL-Cholesterin, das „gute", welches wesentlich konstanter ist, weil es sich über mehrere Tage auf- und wieder abbaut und sozusagen die Reserve bildet. Das Cholesterin ist ein wichtiger Schutz bei vielen Krankheiten.

Bei Neurodermitis verschreibe ich oft **Cholesterinum D6** zur Unterstützung, damit sich die Haut wieder „dichten" kann. Der frühere Wert war angesetzt bei 200 plus Alter +/- 30. Damit waren auch die Tagesschwankung und das Alter berücksichtigt.

Teerezeptur
Verdauungsfeuer
nach **Pythorea:**

- Löwenzahnwurzel
- Angelikawurzel
- Tausendgüldenkraut
- Beifußkraut
- Orangenschalen
- Schafgarbe
- Brennesselwurzel
- Naneminze
- Odermenning
- Leberblümchen

Zu gleichen Teilen, vor
dem Essen 1 Tasse
trinken.

Leider ist diese Faustregel für überholt abgestempelt worden. Hat man allerdings zu wenig Cholesterin, so muss es die Leber mühsam herstellen und wird dadurch wieder stark beansprucht. Und ist der Leberregulationskreislauf in seiner Funktion überfordert, ist auch der Cholesterinwert gestört – ein klassischer Teufelskreis. Des Weiteren ist man mit einer belasteten Leber müde und mürrisch. Bei einem hohen Cholesterinwert resultiert das Zuviel (Cholesterin im Blut) aus dem schwachen Entgiftungs-Stoffwechsel der Zellen an sich, und das wiederum hat etwas mit den gesättigten Fettsäuren zu tun. Tierische Fette und Bratöle sind im Stande, die Zellwände förmlich zuzukleistern – und damit können die Zellen nicht mehr richtig arbeiten.

Wenn der Wert nun diese Grenze stark überschreitet, und es nicht genetisch bedingt ist (manche Familien haben grundsätzlich einen Cholesterinwert von über 350, wobei in diesen Familien Herz- und Gefäßkrankheiten eher eine Ausnahme sind), so ist es ratsam, die Fleischnahrung zu reduzieren. Meiden Sie vor allem Fleischmischungen (Wurst und sonstigen Aufschnitt) und achten Sie darauf, hochwertige kaltgepresste Öle vermehrt in Ihren Speiseplan aufzunehmen. Die darin enthaltenen ungesättigten Fettsäuren machen die Zellwände wieder durchlässig. Auch die fettlöslichen Vitamine A, D, E, und K und andere essentielle Nährstoffe werden wieder leichter zugänglich beziehungsweise verwertbar. Nehmen Sie zusätzlich für eine gewisse Zeit Mariendistel- und Artischocken-Präparate (bzw. die Teerezeptur „Verdauungsfeuer nach Pythorea") – und die Leber arbeitet wieder voller Freude.

Teil II Schwangerschaft – Geburt – Kindheit

Kind-Liebe

Denn Du weißt,
ich liebe meine Mutter.
Und Du weißt, ich liebe meinen Vater.

Denn ich darf sie lieben.
BEIDE!
Sie sind ein Teil von mir.

Ich liebe meinen Vater,
auch wenn er nicht da ist.
Und obwohl er Dich
mit der Verantwortung alleine lässt.
Ich finde das nicht gut.
Aber ich liebe ihn.

Ich liebe meine Mutter,
auch wenn sie manchmal ungerecht ist.
Aber ich spüre ihr Herz
und ich darf es spüren.
Und muss deshalb
meines nicht verschließen.

Sie trägt ihren eigenen Kummer.
Sie weiß nicht, wie sie sich wehren soll
gegen die Gewalt der Patriachen.

Und manchmal bin ich das Ventil,
aber ich liebe sie.

Und ich liebe meinen Vater,
auch wenn ich sehe,
wie er durch die weibliche Manipulation
ausrangiert wird.

Warum kämpft Ihr denn immer so viel?
Wie soll mein Kinderherz das verstehen?

Ich liebe Euch beide
und ich darf Euch beide lieben.

Auch wenn Ihr miteinander nicht klarkommt.

Nur wenn ich Euch beide lieben darf,
kann ich ganz sein.

Pythorea Petra Rosival, 28.07.2013

Schwanger werden
oder: Die Kraft des Nieren-Chi

Die Fähigkeit sich fortzupflanzen, setzt grundsätzlich ein gesundes und starkes Nieren-Chi voraus (siehe auch Teil III, Kapitel „Schwanger werden = mehr als nur Sperma + Eizelle"). Die Nieren tragen einen großen Anteil der Lebensenergie (Chi) und verteilen sie im Körper. Es gibt verschiedene Anzeichen von zu wenig Lebenskraft wie beispielsweise kalte Füße, Beschwerden nach schon geringer Kälteeinwirkung, Periodebeschwerden (der Nierenmeridian versorgt u.a. den Unterbauch und die Gebärmutter), Ängste, zu wenig „Erdung" oder einfach nur Verdauungsbeschwerden. „Die Nierenenergie ist die Glut, auf der das Verdauungsfeuer brennen kann." Verdauungsbeschwerden haben jedoch viele mögliche Ursachen, die noch beschrieben werden sollen.

Wenn Sie nun Ihr Nieren-Chi stärken wollen, so vermeiden Sie Rohkost (vor allem im Winter) und kalte Getränke (auch Wasser, welches Sie in dem Fall erhitzen können). Selbstverständlich meiden Sie raffinierten Zucker, der sehr viel unseres Verdauungsfeuers verbraucht, um überhaupt verdaut werden zu können. Die Nachteile dieses süßen „Suchtmittels" habe ich im ersten Teil bereits erläutert. Stattdessen können Sie alle Arten von Suppen, Gratinées oder Eintöpfen essen. Trinken können Sie alle wärmenden Tees, wie z. B. Fencheltee, Blütentee, Gewürztee oder Apfel- (auch Kirsch-)Saft mit kochendem Wasser aufgegossen und Zimt gewürzt. Bei kalten Füßen sollten Sie schwarzen und grünen Tee und Kaffee meiden. Sie können auch die „Teemischung zur Vermeidung kalter Füße nach Pythorea" zweimal täglich trinken.

Meiner Ansicht nach ist es eine Überlegung wert, ob wir Menschen nicht unsere Zeugungskraft verlieren, indem wir das essen, was selbst nicht mehr die Kraft hat, sich fortzupflanzen (Hybridsamen und anderweitig genmanipulierte Nahrungsmittel).

Teerezeptur zur Vermeidung kalter Füße nach Pythorea:

- Ingwerwurzel 20 g
- Odermenning 20 g
- Deutsches Eisenkraut 20 g
- Melisse 20 g
- Yohimbe 10 g
- Damiana 10 g
- Beifußkraut 10 g
- Beifußwurzel 10 g
- Rosmarin 10 g
- Angelikawurzel 10 g
- weiße Taubnessel
  mit Blüte 10 g

Von dieser Mischung in etwa einen gestrichenen EL auf 250 ml Wasser einmal am Tag, nicht zu spät abends, trinken.

Die Hormone

Ist Ihr Nieren-Chi ordentlich gestärkt, kann man dazu übergehen, die Hormone homöopathisch, phytotherapeutisch und astromedizinisch zu aktivieren. Auch sollte man das Hormontrio Keimdrüsen-Bauchspeicheldrüse-Schilddrüse, das von der Hypophyse reguliert wird, speziell bei Kinderwunsch im Auge behalten.

Bei den höheren Potenzen kann man die folgenden Mittel differenzieren (die sich wiederum bestimmten Eigenschaften und Vorlieben zuordnen lassen). Vielleicht erkennen Sie sich in der einen oder anderen Beschreibung wieder:

Eher für Frauen:
- **Sepia D30** – Für die toughe Geschäftsfrau, die sich gern schwarz kleidet.
- **Nux vomica D30** – Für die Geschäftsfrau, die gern raucht und immer ihren Kaffee braucht.
- **Platin D30** – Wenn Sie lange die Pille genommen haben
- **Lilium tigrinum D12** – Wenn Sie sich mit Marlene Dietrich identifizieren können.
- **Silicea D30** – Bei Ordnungsliebe und dauernd kalten Füßen.
- **Iris D12** – Bei Ordnungsliebe und Wochenendmigräne sehr schlanker Frauen.
- **Cuprum arsenicosum D30** – Bei Ordnungsliebe mit der Neigung zu Verkrampfung.
- **Zincum chlor D30** – Bei Rhythmusproblemen (z. B. Menstruation, unregelmäßige Arbeitszeiten, häufigen Jetlags etc.).
- **Natrium muriaticum D30** – Wenn Sie bei jeder Abschiedsszene weinen müssen.
- **Lachesis D30** – Wenn Sie Schals und Rollkragenpullover nicht (er-)tragen können.
- **Argentum nit. D30** – Bei kaltschweißigen Händen.
- **Pulsatilla D200** – Wenn Sie ohne Socken nicht einschlafen.
- **Staphisagria D200** (monatlich) – Bei durchlebten Traumatas im Intimbereich, z. B. nach einer Abtreibung.

Rezept der „Hormonaktivierung" für die Frau:

- Sepia D3,
- Cimicifuga D3
- Pulsatilla D3
- Argentum chloratum D10
- Geranium robertianum D6
- Poterium spinosum D8
- Selenium D6
- Verbena off. D3
- Alchimilla Urtinktur
- Turnera diffusa D2
            aa ad 100 ml

2 x 10 Tropfen täglich.

Rezept der „Hormonaktivierung" für den Mann:

- Tribulus terrestris D3
- Urtica dioica D6
- Selenium D3
- Turnera diffusa D3
- Magnesium sulfuricum D10
- Aurum jodatum D6
- Epilobium parviflorum D2
- Valeriana D3
- Conium D6
- Satureja hortensis D3
            aa ad 100 ml

2 x 10 Tropfen täglich.

Eher für Männer:

- **Lycopodium D30** – Für eher schlanke Typen die, auch wenn sie es nicht unbedingt wollen, einfach immer Recht haben.
- **Aurum D30** – Für den eher fülliger Typ, der gern am Tischende sitzt, ein „goldiges Gemüt" hat und versucht, alles mit Geld zu regeln.
- **Selen D30** – Für Geschwindigkeitsliebhaber, die auch im Bett die Geschwindigkeit schon mal überholt, ehe es richtig losgeht.
- **Zincum met. D30** – Für die Super-Rationalisten oder strengen Logiker (von denen ich fast befürchte, dass sie dieses Buch gar nicht lesen beziehungsweise sie es von der Ehefrau verabreicht bekommen).
- **Arsenicum album D30** – Wenn die Rationalisten und Logiker dazu auch noch akribisch ordentlich sind.
- **Magnesium fluor. D30** – Für alle Sportfanatiker (diese müssen nicht gleich ihren geliebten Sport aufgeben, sie werden nur etwas offener für die weichen Seiten des Lebens).
- **Platin D30** – Für die Herren, die leicht zu überheblicher Arroganz neigen.
- **Pulsatilla D100** – Für Männer mit Vollbart und Angst vor Frauen.
- **Acidum fluoricum D30** – Für Typen, die auf Frauen stehen, die zu ihrem Auto passen.
- **Sepia D200** – Für Männer, die nach Hause kommen und sich über alte Packungen im Kühlschrank ärgern und gerne schwarze Unterhosen tragen.
- **Tuberculinum D200** – Für den echten Schürzenjäger – oder den Mann, der immer kann (und will).

Die hohen Potenzen genügen oft schon als Einmalgabe, in manchen Fällen kann man sie auch wöchentlich wiederholen. Vertrauen Sie hier entweder auf Ihr Gefühl oder auf einen erfahrenen Homöopathen. Die „D12"-Potenzen können Sie über sechs Wochen zweimal täglich einnehmen.

Wenn Sie als Frau schon sehr lange erfolglos versuchen, schwanger zu werden, aber auch, wenn die Menstruation sehr unregelmäßig, schmerzhaft, zu stark oder zu schwach ist, empfehle ich, Ihre hormonelle Situation mit folgenden Mitteln sanft ausgleichend anzuregen:

Zunächst salben Sie Ihre Füße jeden Abend mit der Kupfersalbe Rot von Wala (vor allem die Fußsohlen). Noch wirksamer ist es natürlich, Sie lassen sich die Salbe im Rahmen einer sanften Fußmassage von Ihrem Partner einmassieren. Kupfer hat den Planetenbezug zur Venus und fördert die (partnerschaftliche) Liebe. Körperlich ist dieses Metall der Niere zugeordnet und der Nierenmeridian beginnt genau in der Mitte vom Fußballen. Die hohe Bedeutung der Nierenenergie ist bereits im vorangehenden Kapitel beschrieben. Zusätzlich nehmen Sie regelmäßig die homöopathische „Hormonaktivierung für die Frau". Folgende zwei Präparate ergänzen zusätzlich die Hormonkur: **Ovaria comp.** von Wala 2 x 2 Globuli in der ersten Zyklushälfte (vom ersten Tag der Regel für 14 Tage) und ab dem fünfzehnten Tag bis zum Einsetzen der nächsten Regelblutung **Melissa / Phosphorus comp.** Tropfen von Weleda 2 x 10 Tropfen. Dazu trinken Sie nebenstehenden Tee.

Sollte erwiesenermaßen (!) ein Jodmangel bestehen (siehe auch Kapitel „Jod"), kann man mit folgenden Mitteln Abhilfe schaffen:

Für sehr blasse Frauen ist **Calcium jodatum D6** 3 x 1 Tabletten täglich sinnvoll. Frauen, die zu Wasseransammlungen neigen, empfehle ich **Kalium jodatum D4**, 3 x 1 Tabletten täglich. Oder – bei großer Müdigkeit – nehmen Sie **Jodum D2** (D3, D4 oder was im Handel gerade erhältlich ist) in Tropfenform 2 x 10 Tropfen täglich ein.

Teerezeptur der „Hormonaktivierung" für die Frau:

• Angelikawurzel
• Frauenmantel
• Storchenschnabel
• Schafgarbe
• Melisse
• Brennnesselwurzel
• Liebstöckel (= Maggikraut)
• Damiana
• Kornblume
• weiße Taubnessel

Jeweils 10 g mischen und täglich 1 – 2 Tassen trinken.

Siehe auch Kapitel „Die homöopathische Dosierung macht den Unterschied".

Teerezeptur der „Hormonaktivierung" für den Mann:

- Damiana 20 g
- Odermenning 20 g
- Weidenröschen 50 g
- Brennesselsamen 25 g
- Ginsengwurzel 25 g
- Deutsches Eisenkraut 20 g
- Lorbeerblätter 20 g
- Schwarzer Pfeffer (ganz) 20 g
- Liebstöckel 20 g
- Holunderblätter 20 g

1 – 2 Mal täglich eine Tasse davon trinken.

Auch der Mann ist an der Zeugung beteiligt (wirklich – es kommt heute noch vor, dass Kinder durch Sex gezeugt werden) und zur Stärkung seiner Spermienqualität sind ein paar Maßnahmen hilfreich:

Selen von der Firma Syxyl (deshalb dieses Mittel, weil die Kombination hier besonders effektiv ist), morgens ca. 30 Minuten vor dem Frühstück. Dann qualitativ hochwertige Omega-3-Fettsäuren in Form von Krillöl zwei Kapseln täglich und von der Firma Wala **Berberis / Prostata comp.** Globuli 2 x 2 täglich zur Stärkung und Entgiftung der Prostata.

Zudem, falls man Sie als Mann zum Teetrinken animieren kann, ist diese nebenstehende Mischung eine gute Unterstützung.

Schwanger sein

Ist es denn nun soweit und Sie sind schwanger, gratulieren Sie sich selbst und teilen Sie es Ihrem Partner – sofern er präsent ist und sich ebenfalls freut – mit.

Da die frisch inkarnierte Seele sehr sensibel auf Eindrücke ist und dieses Leben im Mutterleib wie ein eigenes „Vorleben" zum Kennenlernen der Erdatmosphäre durch die Gefühlsbrille der Mutter funktioniert, gibt es ein paar Faktoren, die einer kurzen Überlegung wert sind. Auch das Seelchen ist beteiligt an den Erfahrungen und Empfindungen der Mutter in der Schwangerschaft und der Geburt. Es ist eine beidseitige subtile Beeinflussung, bei welcher gegenseitiges Kennenlernen schon beginnt. Sie müssen vorerst keinem Menschen etwas von Ihrer Schwangerschaft erzählen, sofern Sie nicht genau wissen, dass sich dieser Mensch unermesslich für Sie freut.

Machen Sie sich bewusst, dass entstehendes Leben immer einem Wunder gleicht und keine Krankheit ist. Lassen Sie täglich die Freude größer als die Sorge sein. Sie müssen nicht regelmäßig nachsehen, ob auch alles wirklich gut ist. Zuviel an Ultraschall belastet die Ohren des Ungeborenen. Und letztendlich können Sie bewusst wählen, mit welchen Inhalten Sie ihr Kind jetzt zu „füttern" beginnen: Machen Sie regelmäßig Yoga, so wird auch das Kind, möglicherweise erst im Erwachsenenalter, einen Bezug zum Yoga haben. Verfolgen Sie oder der Vater voller Spannung eine Fußballweltmeisterschaft können Sie damit Rechnen, dass auch Ihr Kind einen ausgeprägten Enthusiasmus für Fussball aufbringen wird.

Hören Sie gerne klassische Musik, wird auch der neue Mensch einen Bezug dazu entwickeln. Hören Sie aus Pflichtbewusstsein oder weil Sie es für richtig halten klassische Musik, obwohl Sie diese innerlich gefühlt ablehnen, so wird der spätere Erdenbürger auch diese Musik entweder ablehnen oder dazu neigen, eher rational als intuitiv zu handeln.

Alles, was Sie in der Schwangerschaft machen, fühlen und denken, beeinflusst die Entwicklung Ihres Kindes.

Man muss deshalb nicht in Stress geraten, alles unbedingt „richtig" und „fehlerfrei" machen zu wollen. Aber so, wie es gut ist, ein „bewusst" lebender Mensch zu werden, so ist es auch toll, wenn Eltern einen Weg einschlagen „bewusste" Eltern zu sein.

Eisenmangel

Das Element Eisen spielt eine ziemlich wichtige Rolle in unserem Körper, besonders in Bezug auf den Sauerstofftransport. Besteht ein Eisenmangel schon vor der Schwangerschaft, so ist es meistens auf eine durch Medikamente, Impfungen, Strahlenbelastung, falsche Ernährung oder eine von Pilzen, Parasiten bzw. Viren geschwächte Leber zurückzuführen.

Von einem behandlungsbedürftigen Mangel in der Schwangerschaft spreche ich allerdings erst, wenn der Hb-Wert unter 10,5 liegt oder zumindest die subjektiven Beschwerden auf einen Mangel hindeuten – erst dann liegt meines Erachtens ein Grund vor, aktiv an der Eisensubstitution im Körper zu arbeiten.

Denn: Ein geringer Eisenmangel ist in der Schwangerschaft völlig gesund und von der Natur beabsichtigt, da der Kupferspiegel in dieser Lebensphase im Blut ansteigt und durch die Flüssigkeitszunahme der Eisengehalt relativ sinkt. Kupfer ist ein Spurenelement im Körper, welches die Eisenaufnahme begünstigt und gleichzeitig ein Gegenspieler von Eisen ist. Ohne Kupfer wären einige Stoffwechselvorgänge nicht denkbar, so auch die gesunde Funktion der Nieren.

Eisen ist im geisteswissenschaftlichen Sinn dem männlichen Prinzip und astrologisch dem Mars-Prinzip unterstellt. Kupfer dagegen steht für das weibliche Prinzip und ist der Venus zugeordnet. Besonders in der Schwangerschaft benötigen wir weibliche Eigenschaften wie Zulassen, Nachgeben, Weichheit, Anpassung, sich dem Leben und der kommenden Entwicklung hingeben können. Weniger brauchbar sind dagegen die vom Eisen repräsentierten Fähigkeiten des Kämpfens, des Wollens, des Hartbleibens (Eisen steigert den Tonus, was zu Krampfneigung führt), der Durchsetzung und der logisch-strategischen Vorgehensweise. Ohne die genannten Eigenschaften in irgendeine Wertung zu pressen, ist ein „Alles zu seiner Zeit, am richtigen Ort und in der richtigen Dosierung" das große Geheimnis des Heilens.

Rezept zum Ausgleichen einer „Überdosis" Eisen:

• Cuprum met. D6,
  3 x 1 Tabletten täglich
• Ferrum met. D30,
  1 x 5 Globuli wöchentlich

Beides nehmen Sie sechs Wochen lang ein.

Wenn Eisen in größeren Mengen nun über den Verdauungstrakt aufgenommen wird (wie beispielsweise in der Schwangerschaft routinemäßig verordnetes Eisenpräparat), so kann es leicht dazu kommen, dass es sich an den Darmwänden ablagert und so zu Verdauungsproblemen führt. Zudem registriert der Körper durch diese Eisenansammlung ein scheinbares Überangebot und könnte als Gegenreaktion eventuell noch weniger aufnahmewillig sein. Im schlimmsten Fall (gehen Sie bitte bei sich selbst immer vom besten Fall aus!) könnte die Plazenta „verstopfen" und es könnte somit zu einer Unterversorgung des Babys kommen. Und damit noch nicht genug: Mit der „Überdosis" an Eisen und der dadurch resultierenden Krampfneigung ist auch die Gefahr der vorzeitigen Wehen gegeben, ebenso wie dadurch beim Kind die Neigung zu Fieberkrämpfen gesteigert werden kann. Falls Sie bereits ein Eisenpräparat einnehmen oder eingenommen haben und vielleicht das eine oder das andere Symptom schon eingetreten ist oder Sie dieses befürchten, können Sie das Rezept zum Ausgleichen einer „Überdosis" Eisen einnehmen (siehe gegenüberliegende Seite.)

Bei vorzeitigen Wehen nehmen Sie zusätzlich **Aletris D6** 10 g 3 x 5 Globuli täglich. Und im Akutfall trinken Sie bitte die bereits erwähnte Blitzmischung.

Sinkt Ihr Hb-Wert nun unter die Zahl 10,5 und Sie sind sehr müde oder haben einen Kopfschmerz, der Ihnen sonst unbekannt ist, leiden Sie tatsächlich an einem Mangel an Eisen. Dies kann unter Umständen durch einen – in diesem Buch bereits ausführlich beschriebenen – Darmpilz verursacht sein, da sich Pilze, wie bereits erwähnt, von Metallen, so auch von unseren metallischen Spurenelementen im Blut, ernähren.

Zum Anheben des Eisenspiegels empfehle ich die nebenstehende Eisenaufbau-Kur. Alfalfa als pflanzliche Arznei enthält Mangan in Spuren, welches die Eisenaufnahme begünstigt, so dass dieses im Körper auch dahin kommt, wo es benötigt wird. Zudem kann dieses Mittel einer Schwangerschaftsdiabetes entgegenwirken.

Bei akutem Eisenmangel hat sich außerdem das nebenstehende Hausrezept bewährt: Schneiden Sie die Hälfte eines Apfels am Abend in etwa 150 ml des Saftes und lassen ihn über Nacht ziehen. Am nächsten Tag essen Sie die Apfelstücke und trinken dazu den 1:1-Mix aus dem Tee und dem Saft, in dem der Apfel über Nacht gezogen hat, ein wenig mit Honig gesüßt. Fahren Sie damit vier Tage lang fort und machen Sie dazu die oben beschriebene Eisen-Kur – und Ihr Eisenspiegel ist schnell wieder im Lot.

Rezept für die Eisenaufbau-Kur:

- Tinctura ferri pomati (Apfelsauere Eisentinktur) 200 ml 2 x 1 TL täglich
- Alternativ: Tinktur Ferrum pomat. D1 von Weleda 2 x 10 Tropfen
- Cuprum met. D6 3 x 1 Tablette täglich
- Vitamin B12 und Folsäure (Dosierung je nach Hersteller, lassen Sie sich von Ihrem Arzt beraten. Nehmen Sie möglichst die geringste Dosierung)
- Alfalfa D4 3 x 5 Globuli täglich

Diese Mischung können Sie 3 – 6 Wochen durchgehend einnehmen, bis sich der Wert wieder stabilisiert hat.

Hausrezept bei Eisenmangel:

- eisenhaltiger Fruchtsaft aus dem Reformhaus (Rotkäppchen, Kräuterblut o.ä.)
- ein sehr saurer Apfel
- Malven-Hibiskustee

Schwangerschaftsübelkeit

Gut zu wissen, wenn es Ihnen schlecht ist: Gegen Schwangerschaftsübelkeit gibt es in der Homöopathie verschiedene Mittel, damit Sie nicht unnötig leiden müssen:

- Das Basismittel ist **Veratrum Album D4**, 3 x 5 Globuli täglich.
- Tritt die Übelkeit vor allem morgens auf empfehle ich **Berberis D3** 3 x 5 Globuli täglich.
- Wenn Sie zusätzlich Rückenschmerzen haben, nehmen Sie **Cocculus D6** 3 x 5 Globuli täglich (dieses Mittel hat sich auch hervorragend gegen Reisekrankheit bei Kindern bewährt).
- Wenn Ihnen schon beim Geruch von Nahrung übel wird und Sie leicht erbrechen müssen, nehmen Sie **Aletris D6** 3 x 5 Globuli täglich. All diese Mittel können Sie auch kombinieren.

Die homöopathische Nosode Helicobacter pylori D30 kann bei Schwangersaftübelkeit gut helfen.

Sehr hilfreich ist auch das tägliche Kauen einer Scheibe **Ingwer**. Einerseits schützt Sie der Ingwer vor sämtlichen Viren und Bakterien, somit vor jeglicher Ansteckung. Andererseits fördert er die Durchblutung im Becken, ohne aber so „einzuheizen", dass die Schwangerschaft gefährdet wäre. Außerdem kann man auf die in Mode gekommene Einnahme von Aspirin verzichten, da der Ingwer ähnliche Eigenschaften der Blutverdünnung besitzt – jedoch Magen und Niere nicht belastet.

Leiden Sie trotz dieser Empfehlungen immer noch an der täglichen Übelkeit, so bitten Sie Ihren Therapeuten oder Arzt nachzusehen (in einer Stuhlprobe oder einer EAV-Testung), ob Ihr Magen mit dem Erreger „Helicobacter" belastet ist.

Verdauungsbeschwerden

Ein Mittel, das Sie während der gesamten Schwangerschaft fast nicht überdosieren können, ist Magnesium. Es sorgt für gute Laune, guten Schlaf, gute Verdauung und verhindert vorzeitige Wehen. Suchen Sie sich das für Sie passende der folgenden Magnesiumsalze aus und nehmen Sie 3 x täglich eine Tablette davon:

Die vier Magnesiumsalze:
- **Magnesium sulfuricum D4** –Falls Sie zu Verstopfung neigen.
- **Magnesium phosphoricum D4** – Wenn Sie das Gefühl haben, sehr gestresst zu sein.
- **Magnesium carbonicum D3** – Bei etwas weicherem Stuhlgang und wenn Sie gerne Milch trinken oder gerne Brot essen.
- **Magnesium chloratum D3** – Falls Sie Probleme mit dem Magen oder Mundgeruch haben (sofern dieser nicht von einem behandlungsbedürftigen Zahn kommt) und / oder ständiger innerer Unruhe.

Zeigt sich bei Ihnen eine hartnäckigere Verstopfung, nehmen zu zusätzlich zu dem homöopathischen Magnesium auch stoffliches Magnesium (bei der Wahl des Präparates achten Sie bitte darauf, auf Brausetabletten zu verzichten, da hier bei der Verarbeitung zu viele chemische Zusatzstoffe verwendet werden). Auch die bereits beschriebene Blitzmischung für den Akutfall schafft bei Verstopfung schnell Abhilfe.

Bei länger anhaltenden Verdauungsproblemen empfehle ich zudem die nebenstehende Teerezeptur bei Verdauungsproblemen in der Schwangerschaft.

Teerezeptur bei Verdauungsproblemen in der Schwangerschaft:

- Schafgarbe
- Lindenblüten
- Tausendgüldenkraut
- Hagebutten
- Anis
- Baldrianwurzel
- Orangenschalen
- Jasminblüten
- Apfelminze
- Ingwer

Jeweils zu gleichen Teilen mischen und 1 – 2 Tassen täglich trinken, bis sich die Verdauung wieder normalisiert hat.

Geschwollene Beine

Viele Frauen klagen in der Schwangerschaft über eine Wasseransammlung in den Beinen. Dieses häufig auftretende Problem hat unter anderem mit der Niere zu tun. Dass die Nieren in ihrer Funktion heutzutage nur zu leicht etwas eingeschränkt sein können, verwundert angesichts der heutigen permanenten Negativmeldungen, Umweltgiften und Antibiotika-Gaben nicht. Sie sind in dieser Hinsicht doppelt belastet: Emotional und durch Gifte. Das der Nieren entsprechende Gefühl ist Angst. Viele Frauen tragen ganz persönliche Existenzängste mit sich durchs Leben, die durch eine Schwangerschaft noch verstärkt werden können. Wenn sich zu dieser hormonellen Veränderung auch noch eine fleischlastige und gemüsearme Ernährung gesellt, kann die Einlagerung von Gewebeflüssigkeit stark zunehmen (vor allem bei zusätzlich mangelnder Flüssigkeitszufuhr). Hierbei ist nicht nur darauf zu achten, dass Sie genügend trinken, sondern auch, dass Sie das Richtige trinken. Wie bereits erwähnt, kann beispielsweise kaltes Wasser die Nierenenergie schwächen. Trinken Sie lieber warmes (Ingwer-)Wasser oder nebenstehenden Tee.

Abgesehen davon, dass Sie unbedingt „gutes" Salz verwenden sollten (wie in Teil I, Kapitel „Wasser und Salz" bereits erwähnt), um die für die Zellen wichtigen homöostatischen Druckverhältnisse zu sichern, können Sie zur homöopathischen Unterstützung nebenstehende Mischungen einnehmen.

Machen Sie sich keine Sorgen, dass Sie von einem der länger eingenommenen homöopathischen Mittel ein Arzneimittelbild (wie bereits beschrieben) entwickeln könnten. Meiner

Teerezeptur bei geschwollenen Beinen:

- Goldrute
- Brennesselwurzel
- Ringelblume
- Zinnkraut
- Löwenzahnwurzel
- schwarze Johannisbeerblätter
- Hopfenblüten
- Holunderblüten
- Ingwer
- Weissdorn mit Blüte

Jeweils zu gleichen Teilen mischen und 1 – 2 Tassen täglich trinken.

Erfahrung nach geschieht dies bei den niedrigen Potenzen (D1 bis D15) erst nach zwei bis drei Monaten REGELMÄSSIGER, täglicher Einnahme und verschwindet nach Absetzen der Mittel schnell und vollständig. In homöopathischen Mischungen wurden negative Arzneimittelbilder noch nicht beobachtet.

Rezept der „drei Ebenen" gegen geschwollene Beine:

- Serum anguillae D8 3 x 5 Globuli täglich (Tierwelt, Aalserum)
- Kalium chlor. D4, 50g 3 x 1 Tablette täglich (Mineralwelt, biochemisches Funktionsmittel)
- Hedera helix D6 3 x 5 Globuli täglich (Pflanzenwelt, Efeu ist jodhaltig und somit eine „Schleppersubstanz" für das Kalium)

Umfassendes Rezept gegen geschwollene Beine:

- Kalium carbonicum D3
- Kalium jodatum D2
- Kalium phosphoricum D6
- Hedera helix D6
- Serum anguillae D6
- Bardana D2
- Solidago D2
- Equisetum D2
- Agropyron repens D2
- Silicea D6

aa ad 100 ml

Davon nehmen Sie 3 x 10 Topfen täglich.

Schwangerschaftsdiabetes

Rezept bei leichten Formen der Schwangerschaftsdiabetes:

- Betula pendula D3
- Ribes nigrum D3
- Galega officinalis D3
- Ubichinonum D10
- Syzygium aromaticum D6
- Cichorium intybus D3
- Sambucus nigra D3
- Trigonella foenum-
  graecum D3
- Datisca D6
- Diascorea D3

aa ad 100 ml

Nehmen Sie davon
3 x 10 Tropfen täglich.

Teerezeptur bei Schwangerschaftsdiabetes:

- Walnussblätter
- Rosenblüten
- Brombeerblätter
- Schafgarbenkraut
- Erdbeerblätter
- Birkenblätter
- Löwenzahnwurzel
- grüner Hafer
- Tausendgüldenkraut
- Holunderblätter
- Geissraute

Jeweils zu gleichen Teilen mischen und 1 – 2 Tassen täglich trinken.

Zusätzlich empfiehlt sich der Verzicht auf Süßigkeiten und Kaffee, beschränken Sie Ihre Mahlzeiten soweit als möglich auf drei mal am Tag und essen Sie Obst nur zum Nachtisch. Dann dürfte sich der Zuckerspiegel schnell normalisieren.

Die „eugenische Kur"

Etwa ab dem vierten Monat der Schwangerschaft gibt es für die werdende Mutter (und das werdende Kind) die Möglichkeit, die sogenannte „eugenischen Kur" zu machen. Durch diese Kur bemühen wir uns erbliche Krankheiten „auszuschalten". Hierzu werden in Abständen von drei bis vier Wochen die homöopathischen „Erb-Nosoden" als einmalige Gabe verabreicht. Man verringert dadurch beispielsweise die Neigung zu Allergien, Neurodermitis, Rheuma u.ä.

Ein Einwand in eigener Sache: Natürlich macht es wenig Sinn, diese Kur zu machen und später dann die Erbkrankheiten bei Ihrem Kind durch Impfungen wieder zu aktivieren.

Tuberculinum stärkt die Lungen und reduziert die Wahrscheinlichkeit von Nervenschäden. Luesinum ist das Mittel der Wahl, um Herzfehler und schwachen Augen vorzubeugen. Zudem fördert es das logische Denken, weshalb es bei rechenschwachen Kindern ab und an vor Matheprüfungen verabreicht wird. Medorrhinum ist gut gegen die Bindegewebsschwäche, von welcher die Haut und die Venen betroffen sein können (der gesamte rheumatische Formenkreis gehört zu den daraus resultierenden Krankheiten).

Bei der eugenischen Kur wäre es sehr gut, Ihren Therapeuten zu bitten, die entsprechenden Mittel auszutesten, ob und wann diese zu Ihnen und Ihrem Baby passen.

Der Körper ändert sich

Der weibliche Körper ist ein unglaubliches Phänomen an Anpassungsfähigkeit. Er wird weicher, alles verflüssigt sich und das „Bauchgeschehen" von neuem wachsendem Leben steht im Mittelpunkt.

Zur Unterstützung der Gegebenheiten ist das Einmassieren eines wohltuenden und pflegenden Öls unglaublich hilfreich, da es die Haut bei ihrer enormen Ausdehnung unterstützt, vor unangenehmen Rissen schützt und die Rückbildung der Bauchdecke nach der Geburt fördert. Dabei können Sie sich auf Ihren Geruchssinn völlig verlassen. Hier ein paar Beispiele von Ölen, die man gut auf die Bauchdecke und Brüste einmassieren kann:

Rezept für die „eugenische Kur":

- Tuberculinum D200: Einmalgabe im vierten Monat
- Luesinum D200: Einmalgabe im fünften Monat
- Medorrhinum D200: Einmalgabe im sechsten Monat
- Psorinum D30 (wenn in Ihrer Familie Hautkrankheiten oder Asthma auftreten): Einmalgabe im siebten Monat
- Carcinominum D200 (wenn in Ihrer Familie Krebsfälle vorgekommen sind): Einmalgabe zwischen dem fünften und sechsten Monat.

Es gibt verschiedene Möglichkeiten, passende Mittel auszutesten, u. a. mithilfe der Kinesiologie (Muskelkrafttest).

Sie können im Falle von Schlafstörungen oder Nervosität das Solum-Öl von Wala verwenden. Die Firma Lunasol hat ein unglaublich wohlriechendes Rosenöl (auf der Basis von Mandelöl extrahierter Rosenduft einer stark duftenden Rosenart. Die handelsüblichen Wildrosenöle sind aus dem „fetten Öl" der Hagebutte hergestellt und riechen selten nach echter Rose), welches die Weichheit und Schönheit (auch die Ihres Babies) fördert. Die gleiche Firma hat ein ebenso hochwertiges Lavendelöl. Lavendel klärt den Kopf, erzeugt mehr Vertrauen in die eigene Intuition und stimuliert regulierend den Hormonhaushalt. Sie können auch ein biologisches Speiseöl wie Avocadoöl, Erdnussöl oder Weizenkeimöl verwenden und auf 50 ml 3 – 10 Tropfen ätherisches Geranium- oder Rosenöl hinzufügen (dieses ist auch für den Damm zur Vorbereitung auf die Geburt nützlich). Die einfachste hausgemachte Variante ist Olivenöl mit ein paar Tropfen ätherischen Lavendelöls.

Rezept für die Mischung zur Geburtsvorbereitung:

- Cuprum met. D6 und
- Magnesium phos. D4 als „Weichmacher"
- Pulsatilla D8 und
- Caulophyllum D6, je 3 x 5 Globuli täglich bis zur Geburt

Diese ersten beiden Mittel nehmen Sie bis ca. drei Tage vor dem errechnetem Termin. Bei den zwei letztgenannten setzen Sie jeweils einen Tag in der Woche mit der Einnahme aus.

Endspurt!

Für die Geburtsvorbereitung beziehungsweise damit das Baby „zum richtigen Zeitpunkt" und mit einer guten Wehentätigkeit zur Welt kommen kann, empfehle ich ab dem achten Monat (vier bis sechs Wochen vor Geburtstermin) nebenstehende Mittel zur Geburtsvorbereitung.

Die richtige Startposition

Im Falle einer Steißlage können Sie die bekannten „Umdrehmethoden" versuchen, wie beispielsweise die „indische Brücke", oder Ihr Kind mit Lichtreizen zu locken, um es in die richtige Geburtsposition zu bringen. Fragen Sie hierzu Ihre Hebamme, die meisten Geburtshelferinnen kennen sich damit aus. Sie können diese Techniken zusätzlich selbst unterstützen: Achten Sie darauf, dass Sie nicht auf einer geopathologischen Zone liegen und über dem Bett kein Balken über Ihrem Bauch querläuft oder irgendein spitzer Gegenstand im Schlaf auf Sie gerichtet ist. Seitdem die Lehre des Feng Shui auch bei uns salonfähig geworden ist, klingen solche Ratschläge wenigstens nicht mehr komplett nach Aberglauben, denn das Verständnis für die Harmonie der Räume hat erfreulicherweise auch hierzulande zugenommen. Gute Erfolge zum Erreichen einer anderen Lage des Kindes zeigen sich auch durch die Darreichung von **Magnetus polus australis D200** oder **Magnetus polus arktis D200**, was vom Therapeuten ausgetestet werden sollte.

Besorgen Sie sich beizeiten eine homöopathische Nosode von **Toxoplasmose**, vorzugsweise in der Potenz **D400** (alternativ **D200**) – oder schreiben Sie sich diese Information auf einen Zettel und stecken Sie ihn in die Hosentasche (Stichwort: Informationsmedizin). Toxoplasmen sind Krankheitserreger, die vorwiegend von Katzen, aber auch von Hunden, übertragen werden. In der Schwangerschaft kann zwar der offizielle Blutwert bezüglich dieses Erregers im Rahmen der üblichen Vorsorgeuntersuchungen bestimmt werden, aber selbst wenn dieses Ergebnis negativ bleibt, kann man dennoch an einer Belastung durch diesen Keim leiden. Das kann sich folgendermaßen äußern: häufig auftretende Kopfschmerzen, Schwierigkeiten beim Schwangerwerden, Abgänge, Fehlgeburten, Totgeburten, Placenta praevia (wenn die Plazenta durch ihre Lage den Geburtsweg versperrt) und verschiedenen Missbildungen beim Kind (z. B. das Wachstum von zwei Daumen, Gaumenspalte, drei Nieren etc.). Schließlich kann auch eine Steißlage des Kindes von dieser Belastung herrühren.

Durch das Aufschreiben homöopathischer Mittel auf die Haut oder auf Papier (zum Mittragen oder Wasser darauf stellen und trinken), wird die Behandlungsfreiheit unvorstellbar gesteigert.

Die Geburt

Mit dem Beginn der Wehentätigkeit machen Sie sich erst einmal einen grünen Tee mit Jasminblüten, und lassen es zunächst ganz gemütlich angehen. Jasmin regt den Muttermund an, und der grüne Tee stabilisiert Kreislauf und Gefäße. Versuchen Sie sich bewusst zu entspannen. Wenn Sie damit Erfahrung haben, meditieren Sie, und stimmen Sie sich einfach positiv auf all das ein, was nun kommen wird. Konzentrieren Sie sich voll auf Ihre freudige Erwartung. Machen Sie sich ein letztes Mal, falls überhaupt vorhanden, Ihre Ängste bewusst und verabschieden Sie sich ebenso bewusst von Ihnen – Sie brauchen sie jetzt nicht mehr. Beschließen Sie gemeinsam mit Ihrem Kind eine schöne Geburtserfahrung zu machen.

Sagen Sie Ihrem Partner oder der Person, die Sie zur Geburt begleiten möchte, Bescheid und informieren Sie Ihre Hebamme. Checken Sie noch einmal, ob Sie alles, was Sie im Krankenhaus dabei haben möchten, griffbereit haben. Okay, ich vergaß, dass Ihr Klinikköfferchen bereits seit mindestens sechs Wochen im Flur neben der Garderobe bereit steht.

Wertvolle Globuli und „Wunder"-Tropfen für den Klinikkoffer

In der Klinik angekommen verfallen Sie um Gottes Willen bloß nicht in Panik. Die gesamte Klinikatmosphäre, die zuweilen – gerade im und um den Kreissaal – eher hektisch ist, das „Tönen" der bereits vor Ihnen eingetroffenen Gebärenden etc. kann Sie leicht aus dem „Geburtskonzept" bringen. Es kommt vor, dass beim Eintreffen in der Klinik die Wehen plötzlich wieder weg sind. Erhalten Sie sich Ihre positive Einstellung zu dem, was da jetzt mit aller positiven Naturgewalt auf Sie und Ihr Kind zukommt. Sie schaffen das! Und das wissen Sie!

Die Schreie einer Gebärenden können schon durch Mark und Bein gehen.

Als homöopathische Begleitung der Geburt gibt es eine höchst wirkungsvolle Zusammenstellung von Mitteln, die ich Ihnen auf keinen Fall vorenthalten möchte. Vertrauen Sie diese bereits vor dem Eintreffen in der Klinik Ihrer Begleitperson an und sagen Sie ihr noch bevor es richtig „losgeht", welches Mittel sie Ihnen wann reichen soll.

Homöopathische Geburtshelfer

- **Gelsemium D4** in Tablettenform – Zum Öffnen des Muttermundes – nach jeder Wehe eine Tablette im Mund zergehen lassen. Und zwar so lange beziehungsweise so viele, bis die Hebamme Ihnen sagt, dass er sich vollständig geöffnet hat oder bis die Presswehen einsetzen.

Sie können statt Tabletten auch jederzeit Globuli oder Tropfen nehmen.

- **Caulophyllum D6** in Tablettenform – Um die Wehentätigkeit und die Weichwerdung der gesamten Geburtswege aufrecht zu erhalten – nach jeder Wehe eine Tablette im Mund zergehen lassen.
- **Arnica D200** und
- **Cuprum D30** – Von den letzten beiden 5 Globuli als einmalige Gabe, sobald Sie im Krankenhaus eingetroffen sind. Falls Sie eine Hausgeburt planen, dann nehmen Sie diese zwei Mittel, wenn die Wehen in einem Abstand von ungefähr fünf Minuten auftreten.

Eine gute Wehentätigkeit ist die Voraussetzung für eine gute Geburt.

Sollten die Wehen wieder nachlassen brauchen Sie :

- **Cimicifuga D2** in flüssiger Form – Alle fünf Minuten ein paar Tropfen auf die Zunge.
- **Pulsatilla D8** – Ein paar Globuli zu jeder zweiten Gabe der Cimicifuga-Tropfen (also alle 10 Minuten). Diese beiden Mittel nehmen Sie so lange, bis sich wieder eine gute Wehentätigkeit eingestellt hat.

Zu jeder Zeit können Sie sich mit den berühmten „Rescue-Tropfen" (Rescue Remedy Flower Essence von Dr. Edward Bach) stärken. Und zwar entweder einen Tropfen davon auf die Zunge nehmen oder sich in den Nacken streichen lassen. Sprechen Sie auch diesen „Rescue-Plan" bereits vorher mit Ihrer Vertrauensperson ab, damit sie Sie von sich aus unterstützen kann. Denn – glauben Sie mir – ab einem bestimmten Zeitpunkt werden Sie kaum noch ansprechbar, geschweige denn entscheidungswillig sein. Die „Rescue-Tropfen" helfen Ihnen, in Ihrer „Mitte" zu bleiben, nicht aufzugeben und stattdessen Ihr energetisches

Potential zu erhalten. Trotz meiner relativ schnellen Geburten kenne ich den Zustand des: „Ich habe keine Lust mehr! Kann das jetzt bitte aufhören?". Das war dann immer genau der richtige Zeitpunkt, an dem ich die Rescue-Tropfen in den Nacken gerieben bekommen habe.

Wenn nun die Presswehen einsetzen, schämen Sie sich nicht, laut zu schreien sobald sich das kindliche Köpfchen durchdrücken möchte. Ungefähr so, wie es die Kampfsportler machen, wenn sie beispielsweise ein Brett durchschlagen. Nur hält Ihr Ton in diesem Fall wesentlich länger an. Wenn man nämlich seine Stimme, das fünfte Chakra, auf diese Art und Weise öffnet, hat man kaum eine Chance, das erste Chakra (das Tor, durch das Ihr Kind nun gehen wird) zu verkrampfen. Und somit besteht eine geringere Gefahr, dass dort etwas reißt. Ein guter Rat an alle unerfahrenen Erstgebärenden: versuchen Sie bitte für das finale Pressen auf das Signal der Hebamme zu achten – so schwer es Ihnen auch fallen mag, dem unmittelbaren Drang sofort und unmittelbar nachzugeben. Sie weiß, und sieht es auch genau, wann es sich vom Geburtsverlauf her (und damit auch für die Unversehrtheit Ihrer Weichteile) für Sie lohnt, diesen (ur-)gewaltigen Kraftakt zu vollbringen.

Soll bei den Presswehen der Drang aktiv mit zu pressen unterdrückt werden, hilft vielen Frauen das „Hecheln". Frauen, die sich ihrer Atmung und des Körpers sehr bewusst sind, können auch ganz langsam diesen Drang veratmen.

Um ein Gefühl für die „Chakren" zu bekommen empfehle ich schon vor oder während der Schwangerschaft die „Chakra-Lounge" als Meditation.

Die Periduralanästhesie

Die PDA-Narkose ist mit Vorsicht zu genießen. In seltenen Fällen mag sie angebracht sein, beispielsweise wenn die Gebärende so große Angst vor dem Geburtsschmerz hat, dass sie dadurch völlig verkrampft und „zumacht". Hier kann eine leichte Dosierung, die nur den Bauch betäubt, so dass die werdende Mutter noch ihre Füße und möglichst auch den „Durchgang" des Babys durch ihr Becken spürt, durchaus sinnvoll sein.

Diejenigen Frauen, die beide Erfahrungen gemacht haben, sagen jedoch, dass nach so einer Betäubung das Glücksgefühl lange nicht so beeindruckend ist, wie vergleichsweise nach einer durchgestandenen chemisch ungetrübten Geburt. Auch birgt die PDA verschiedene Risiken beziehungsweise Komplikationen in sich, welche in der einschlägigen Literatur nachzulesen sind.

Ein natürlich durchgestandener Geburtsprozess überschwemmt Mutter und Kind mit einer Hormondusche von Glücksgefühlen und Bindungswillen.

Die „sanfte" Geburt

Wenn Ihr Baby nach diesem immensen Kraftakt nun endlich auf Ihrem Bauch oder Ihrer Brust liegen darf, erlauben Sie es sich beiden, ein paar Augenblicke durchzuatmen, bevor die Plazenta mit den Nachwehen herausgeschoben wird. Vielleicht bedecken Sie den neuen Erdenbürger behutsam mit einem angewärmten roten oder orangen weichen Handtuch oder einem weißen Seidentuch (aus Ihrem Klinikköfferchen). Der glückliche Vater kann seinem Kind in diesem magischen Moment auch einen Tropfen Rescue-Essenz auf den Kopf streichen mit all den schönen „Programmierungen", die er seinem Schützling für das Leben mitgeben möchte. Und erst dann, wenn sich das Baby schon an die Luftatmung gewöhnt hat, kann der Vater oder die Hebamme die Nabelschnur durchtrennen, am besten erst, wenn sie schon mit dem Pulsieren aufgehört hat.

Die Rolle des Vaters bei der Geburt ist es, den „energetischen Rahmen" zu halten und dem angekommenen Kind bewusst schöne Gedanken für sein Leben mitzugeben.

Und dann dürfen Mutter und Kind 20 Stunden lang schlafen oder das Baby wird gleich an die Brust gelegt (weil das Saugen an der Brust den Unterleib zusammenzieht und somit die Abstoßung der Nachgeburt fördert). Oder der Vater nimmt das Kind in seine Arme und lässt die Mutter sich erst einmal von der Geburt erholen.

Sprechen Sie aber möglichst schon vor der Geburt mit Ihrem Partner, welche Möglichkeiten sich für Sie gut anfühlen und welche nach Ihrer Vorstellung in diesem Moment gar nicht gehen. Für die meisten Mütter ist das Verweilen des Kindes für

Der Mensch ist das einzige „Tier", bei welchem sich die Eltern auf die Kinder prägen und nicht nur anders herum.

eine sehr lange Zeit am Körper oder neben ihr im großen Bett die angenehmste Variante. Denn das zu frühe Entfernen des Kindes kann in manchen Fällen fast schon archaische Verlustängste auslösen und dies verhindert eine gesunde Prägung der Mutter auf das Kind.

Unter anderem auch aus diesem Grund ist das sofortige Messen, Wiegen etc. des Babys weder sinnvoll noch ratsam. Auch das erste Bad hat keine Eile beziehungsweise besteht dazu ohnehin überhaupt keine Notwendigkeit. Meist ist das Neugeborene nur mit etwas „Käseschmiere" bedeckt, welche sogar einen wertvollen Schutz für die Haut des Kindes bildet. Diese kann später mit etwas Olivenöl (und evtl. ein paar Tropfen Lavendel- oder Rosenöl von Lunasol) ganz vorsichtig in die kindliche Haut eingerieben werden, sobald man das Gefühl hat, man ist nach der Entbindung wieder aktiv genug dazu und möchte das neue Leben mit etwas Besonderem in der Welt begrüßen. Bestehen Sie auf Ihre Wünsche und Bedürfnisse. Niemand kann Sie jetzt zu etwas zwingen, Sie werden fühlen, was richtig und falsch ist. Lassen Sie Ihrem Baby Zeit zum Ankommen und lassen Sie sich selbst Zeit zum Annehmen.

Unsanfte Klinikroutine als erster Eindruck dieser Welt?

Wie anders ist da die Erfahrung gemäß den noch weitgehend gängigen Krankenhauspraktiken! (Ein paar Kliniken sind schon sehr fortgeschritten in ihrem Bemühen um „sanfte Geburten", worüber ich mich sehr freue!) Das Neugeborene, welches als völlig unerfahrenes Wesen aus einer einheitlichen Homogenität aus Dämmerlicht, Temperatur und Geräuschen nach einer schon fast übermenschlichen Anstrengung in eine Umgebung geboren wird, die auf einmal kälter, heller und so ganz anders ist, mit einer plötzlich so ungefilterten Geräuschkulisse. Da wird dieses winzige Lebewesen, welches gerade seinen persönlichen ersten Marathon durchstanden hat, nicht in Ruhe gelassen, es wird nicht der Raum gegeben um wörtlich „Luft zu holen", sondern von entweder sehr routinierten oder aber von sehr unsicheren Händen in ein völlig anderes Wasser getaucht, als man es gerade eben noch verlassen hat. Und dann, auf ein für komplett neue Eindrücke freies, seelisch unbeschriebenes Blatt, kommt auf die erste Seite die Erfahrung einer Nadel in der Ferse. Oder das kalte Stethoskop auf der Brust, obwohl während der gesamten Geburt hinweg die kindlichen Herztöne ohnehin bereits überwacht wurden?

Machen Sie sich bereits vor der Geburt bewusst, welches Ihre persönliche Lieblingsvariante für die ersten Erfahrungen Ihres Kindes wäre, und freuen Sie sich mit innerer Dankbarkeit, wenn es so eintreffen darf.

Die Mutter nach der Geburt

Nach der Geburt sind für die Mutter folgende Mittel von großem Nutzen:

- **Secale cornutum D6** als Tabletten – Davon 3 x 1 täglich, um die Blutung zu lindern (nicht zu stoppen) und eventuelle Plazentareste mit heraus zu schwemmen. Zusätzlich fördert es die Milchqualität beim Stillen.
- **Bellis perennis D6** als Globuli – Davon 3 x 5 täglich („Arnica des Unterleibes") – damit die gesamten Beckenorgane gut ausheilen können.
- **Cuprum** und
- **Magnesium**, welches Sie noch von der Schwangerschaft vorrätig haben, damit Sie und Ihr Baby sich nach dem Geburtsstress wieder etwas entspannen können.
- **Staphisagria D3** als Globulli, 3 x 5 täglich nach einem Kaiserschnitt, damit sich der gesamte Bauchraum erholen kann.

Falls die Blutung übermäßig stark sein sollte, können Sie die nebenstehende Mischung einnehmen, ohne dass es beim Stillen dem Kind schaden wird.

Rezept bei übermäßig heftiger und lang anhaltender Blutung (nicht nur im Wochenbett, auch bei einer zu starken Menstruation):

- Secale cornutum D6
- Sepia D6
- Ustilago D10 (hilft auch gegen den Haarausfall im Wochenbett)
- Trillium D4
- Ferrum phosphoricum D12
- Lachesis D10
- Capsella bursa pastoris D3 (auch gut gegen Krampfadern)
- Sanguisorba officinalis D3
- Tormentilla D3 (auch blutreinigend)
- Alchimilla Urtinktur

aa ad 100 ml

Im Akutfall geben Sie 50 Tropfen in ein Glas Wasser und trinken davon alle 10 Minuten einen Schluck.

Teerezeptur bei übermäßig heftiger und lang anhaltender Blutung:

- Frauenmantel
- Hirtentäschel
- Gänsefingerkraut
- Gänseblümchen
- weiße Taubnessel mit Blüte
- Schafgarbe
- Heiligenkraut
  (Sanicula europea)
- Ringelblume
- Lavendelblüten
- Melisse

Jeweils zu gleichen Teilen mischen und Aufguss bereiten. 5 Tage bis zu 1,5 Liter täglich, danach 1 – 2 Tassen/Tag.

Tropfmischung gegen die Wochenbettdepression:

- Poterium spinosum D12
- Quarz D10
- Olibanum D2
- Archangelica D3
- Corallium D12
        aa ad 100 ml

2 – 3 x 20 Tropfen täglich.

Bevorzugen Sie statt der Tropfen einen Tee – oder falls Sie Bedenken wegen des Alkohols in den Tropfen haben (siehe Kapitel „Zucker") – dann empfehle ich Ihnen dazu nebenstehende Kräuter. Die Tropfen und den Tee können Sie auch gut kombinieren.

Sechs Wochen Schonzeit

Die ersten sechs Wochen und solange die Frau noch ihre Blutung hat, sollte sie nach Möglichkeit im eigenen Zuhause bleiben (abgesehen von kleineren Spaziergängen) und nur den nötigsten Besuch empfangen. (Und diesen am liebsten mit einem Topf vorgekochter Bio-Hühnersuppe unterm Arm.) Das gibt Mutter, Vater und Kind die nötige Zeit und Ruhe, sich mit der neuen Situation zurechtzufinden.

Der Mensch ist bekanntlich das einzige „Tier", bei dem sich die Eltern auf das Kind prägen und von dieser Bindung ist das Kind abhängig. In dieser „Schonzeit der ersten sechs Wochen kann diese Prägung wunderbar gefestigt werden und man kann daran arbeiten, den eigenen Lebensrhythmus wieder einzuführen und das neue Familienmitglied darin zu integrieren.

Sollte die Mutter in eine Wochenbettdepression fallen, ist ein Therapeut an Ihrer Seite in jedem Fall wichtig. Unterstützen kann man das Geschehen mit nebenstehenden hormonwirksamen Mitteln.

Das Neugeborene nach der Geburt

Wenn das Baby nun endlich da ist und Sie ihr oder ihm schöne erste prägende Eindrücke vermittelt haben, wenn Sie sehen, dass es atmet, das Herz klopft und es nicht blau angelaufen ist, ist erst einmal nichts weiter zu tun. Außer vielleicht demütig ins Vertrauen gegenüber dem Leben an sich zu gehen. Vertrauen Sie auf Ihr Gefühl (nicht auf Ihre Ängste), dass Sie es sicherlich sofort spüren (nicht sich einbilden) würden, wenn etwas nicht stimmen sollte. In so einem Fall können Sie immer noch dementsprechende medizinische Schritte einleiten. Es läuft Ihnen nichts davon.

Noch einmal: Sie werden nichts versäumen, wenn Sie Ihr Kind nicht sofort in der Untersuchungsapparatur verschwinden lassen. Soweit Sie es vermeiden können, lassen Sie sich nicht unter Druck setzen. (Ich bin sehr glücklich über die Beobachtung, dass es inzwischen Pilotprojekte gibt, bei welchen die möglichst sanfte Variante gewährt wird, und das mit großem Erfolg für die Gesundheit von Mutter und Baby und für die spätere Entwicklung des Kindes. Dementsprechend begehrt sind auch diese wenigen Krankenhäuser, die sich der Menschenfreundlichkeit verschrieben haben.)

Hier muss ich ein wenig ausholen – es sei mir gestattet: Setzen Sie sich nicht das Messer der Angstmanipulation an den Hals. Notfalls wenden Sie sich von „Negativmenschen" ab und suchen Sie sich positive, strahlende, hoffnungserweckende Menschen, Therapeuten und Freunde, die Sie mit einem guten Gefühl unterstützen und damit gesunde sowie angenehme mentale „Programme" fördern. (Bedenken Sie die Macht der Wiederholungen und das Vervielfachen eines Resonanzfeldes). Denn an der Umwelt und den Menschen um Sie herum können Sie immer sehen, wo Sie gerade selbst stehen. Wenn Sie sich klar sind, in dem, was Sie tun, werden keine Diskussionen aufkommen. Es wird vielleicht einige verdutzte Gesichter geben und Sie machen sich möglicherweise unbeliebt, aber es wird für Sie ein Leichtes sein, Ihrer inneren Überzeugung zu folgen. Solange Sie daran zweifeln, was richtig oder falsch ist, und solange Sie Ihre Ängste nicht überwunden haben, werden Sie aus den Disputen nicht herauskommen. Damit will ich sagen: Ihre Umwelt kann Ihnen wunderbar Ihre eigenen inneren Konflikte deutlich machen. Mit einem inneren Dankeschön für das deutliche „Vor-Augen-Führen" können Sie aus so einem kontroversen Gespräch gut herausgehen, indem Sie sagen: „Okay, ich habe

Ihr Umfeld ist ein effektiver Spiegel für Ihre inneren Prozesse.

Deine Meinung gehört und lasse sie wirken. Dann gehen Sie in sich und finden den Punkt Ihrer Überzeugung (wieder), nach der Sie handeln möchten – und werden. Ihre Umwelt mit dieser Überzeugung missionieren zu wollen, macht vielleicht gar keinen Sinn, sondern bewirkt nur eine ungute Atmosphäre. Sollten Sie anfänglich Schwierigkeiten haben, mit Ihrem Inneren in gutem Kontakt zu sein, empfehle ich Ihnen die „Chakra-Lounge"-Meditationsarbeit, um die innere Ausrichtung zu stärken.

Zurück zur Klinik: Auf Grund der Angst vor eventuellen Gehirnblutungen verabreicht man den Neugeborenen routinemäßig das künstliche Vitamin K, was zur Folge hat, dass sich die Gefäße des Kindes zusammenziehen und es dadurch kalte Hände und Füße bekommt. Nehmen Sie die oben genannte Anti-Blutungs-Mischung gleich nach der Geburt für 2 Tage (3 x 10 Tropfen) ein und stillen Ihr Kind, brauchen Sie Ihrem Sprössling nichts weiter zu geben. Liegen in einer der Familien von den Eltern Gefäßstörungen vor und Sie stillen nicht, können Sie einen Globuli **Apis D30** in den Mund Ihres Babys legen, was Gehirnblutungen vorbeugt.

Sollte die Nabelschnur um den Hals gewickelt gewesen sein, so verteilen Sie einen verdünnten Rescue-Tropfen um das kleine Hälschen und geben Ihrem Baby einen Globuli **Lachesis D200** in die Backe.

Da die meisten Frauen Keime in der Scheidenflora haben oder hatten, empfehle ich, die Augenschleimhaut des Neugeborenen mit homöopathischen Augentropfen zu unterstützen. In diesem Fall lasse ich **Echinacea quarz comp.** von Wala anwenden – jeweils einen Tropfen in jedes Auge träufeln. Mit diesen Tropfen wird unsere Fähigkeit zu sehen, die Welt durch unsere Augen zu betrachten und manchmal mehr zu sehen als andere, gefördert. Mit der früher verwendeten einprozentigen Silbernitratlösung hat man lediglich den Silberblick ermöglicht, auch wenn dadurch einige schlimme Infektionen verhindert werden konnten.

Der Alltag
oder: Babys haben Ihren eigenen Rhythmus

Ein relativ gut strukturierter Tagesablauf vermittelt unseren Sprösslingen ein Gefühl der Sicherheit. Aber bis sich eine solche Struktur etablieren kann, durchlaufen Sie gemeinsam noch einige Entwicklungsphasen.

Das Neugeborene möchte zuerst seinen eigenen Rhythmus leben und es kümmert nicht, ob gerade Tag oder Nacht ist, beziehungsweise ob Sie gerade das Mittagessen für sein Geschwisterchen zubereiten möchten.

Gewisse wechselnde Abläufe von Aktivität und Ruhe hat das kleine Wesen schon im Bauch miterleben können. Manche Babys nehmen diese Zyklen an und orientieren sich daran. Andere wiederum entwickeln einen eigenen Ruhe-Wach-Rhythmus, der auch gegenläufig zu dem der Mutter sein kann: solange sie in Bewegung ist, herrscht im Bauch Ruhe und sobald sie sich einmal hinlegt, beult sich der Leib nach allen Richtungen. Neugeborene, die sehr früh durchschlafen sind eher die Ausnahmen. Es ist vielmehr so, dass der erste Lebensrhythmus eines Menschen von Stillen-Schlafen-Wickeln und Mutter-mit-gutem-Essen-versorgen bestimmt ist.

Ist die Mutter erschöpft, weil sie aus ihrem Rhythmus gebracht ist und an Schlafmangel leidet, kann sie einige Tage **Zincum aceticum D3** Globuli 3 x täglich einnehmen.

Baden in Liebe und Zärtlichkeiten

Ich habe in meiner Praxis nur gute Erfahrungen damit gemacht, vor allem was die Haut angeht, das Neugeborene erst möglichst spät zu baden. Nach sechs Wochen bis zu drei Monaten kann man langsam damit anfangen. So hat die zarte Babyhaut genügend Zeit, ihr eigenes Milieu zu stabilisieren und abwehrstark zu werden (und eventuell eine Neurodermitis zu verhindern). Als Körperpflege bis dahin empfehle ich, die Haut mit einem warmen Waschlappen abzureiben und danach mit Oliven-, Sesam- oder Mandelöl, angereichert mit Rosen- oder Lavendelöl (ein Tropfen davon in 50 ml Basis-Öl), zu verwöhnen. Diese Streicheleinheiten fördern ganz nebenbei die gesunde Entwicklung des Babys, da dadurch alle Reflexzonen und die Stoffwechselprozesse der Haut aktiviert werden und der Duft zudem die kleine Seele streichelt. Die ätherischen Öle (Rose und Lavendel) wirken zudem leicht desinfizierend.

Berührungen sind Heil- und Entwicklungsförderer von besonderer Qualität.

Integriert man in dieses liebevolle Pflegeritual eine sanfte Bäuchleinmassage (im Uhrzeigersinn streichen), beugt man gleichzeitig Blähungen und Koliken vor und die Verdauung wird schonend reguliert. Gönnen Sie sich regelmäßig diese Oasen der Ruhe. Mutter (oder Vater) und Kind haben dadurch in dem sonst so geschäftigen Tagesablauf die Möglichkeit, einfach nur die Körperlichkeit zu genießen. Das kann als festes Ritual zu einer bestimmten Uhrzeit etabliert werden – einer abendlichen Einschlafhilfe oder einem entspannten In-den-Tag-starten – wie auch immer, es ist Ihre besondere „Quality-Time" mit Ihrem Baby.

Stillen – Nahrung für Körper und Seele

Mutter Natur hat mit dem Stillen einen äußerst sinnvollen wie hochpraktischen Vorgang „erfunden". Unbezahlbar ist allein schon die permanente Verfügbarkeit der Babynahrung. Überall, jederzeit und unmittelbar. Mischungsverhältnis, Darreichungsform und Trinktemperatur: immer optimal. Neben der ungeheuren Praktikabilität sprechen unzählige Argumente für diese natürlichste Art und Weise der Säuglingsernährung: Durch das Stillen wird das Kind nicht nur gesättigt, sondern es wird u. a. durch die beruhigenden Stoffe in der Muttermilch (laut Ch. Rätsch soll keine Mutter durch einen Drogentest kommen können, da die Muttermilch LSD-ähnliche Stoffe besitzt) und den innigen Körper- beziehungsweise Hautkontakt sofort beruhigt. Rein biochemisch profitiert auch die Mutter davon, da im Körper der stillenden Frau das Wohlbefinden auslösende Hormon Oxytocin ausgeschüttet wird und durch den Saugreflex das Zusammenziehen sowie die Rückbildung der Gebärmutter angeregt werden. Seelisch-psychisch argumentiert heißt das, dass die Mutter auch selbst durch diese besondere Art der körperlichen Zuwendung innerliche Ruhe und Freude erfährt, sofern sie sich darauf einlässt, mögliche anfängliche Schwierigkeiten zu überwinden. Wenn sie ihr Kind anlegt, hat sie für einige wertvolle Zeit die Möglichkeit, ihr Baby mit dem „Glanz im Auge der Mutter" zu betrachten. Damit setzt sie bereits den Samen seines lebenswichtigen Selbstwertgefühls und nährt es mit positiven Gedanken und Gefühlen – denn die körperliche Sättigung wird nur über die emotionale Sättigung erreicht.

Biochemisch gesehen ist außerdem gerade die Vormilch (das Kolostrum) die beste Vorbeugung gegen Allergien des Kindes, sofern sie die Möglichkeit hat, als erste in den Darm zu gelangen und diesen mit einer „Schutzschicht" auszukleiden. In diesen ersten etwa drei Tagen geben viele Frauen das Stillen auf, weil scheinbar „nix kommt". Aber genau das ist die Zeit der Vormilch mit der perfekten Zusammensetzung, die nach der Geburt und für das zukünftige Leben notwendig ist. Durch das häufige Anlegen wird auch die weitere Produktion von Muttermilch aktiviert. Lassen Sie sich durch das Gewicht des Kindes nicht verunsichern. Es ist normal, dass ein lebendiger Organismus, der so lange im Wasser gelegen hat, durch Verdunstung zuerst an Gewicht verliert.

Jede Frau, die möchte, darf stillen so oft und so lange sie und das Baby es wollen.

Die Bauchspeicheldrüse eines Neugeborenen ist noch nicht so weit entwickelt, dass sie stark genug wäre, fremde Eiweiße zu spalten. Sie reift erst im Verlauf der ersten drei Lebensmonate aus. Wenigstens für diese Zeit ist es äußerst ratsam, sein Kind zu stillen. Achten Sie dabei auf eine biologisch hochwertige Ernährung, überwiegend gekochtes, gegartes oder überbackenes Gemüse wie Fenchel, Aubergine, Karotten, Rüben, rote Bete (eigentlich alle Gemüsesorten, die nicht sonderlich blähen). Suppen aus Wurzelgemüse sind gerade im Wochenbett sehr nahrhaft, besonders wenn Sie Getreide (Gerste) oder ein biologisches Huhn über längere Zeit mitköcheln lassen. Das Huhn lassen Sie bis zu fünf Stunden in der Suppe garen, wenn Sie sehr geschwächt sind.

Während man in der Schwangerschaft nicht unbedingt für Zwei essen muss, weiß man als Stillende manchmal gar nicht, wie man sich selbst satt bekommt.

Hier sind meine persönlichen Sättigungs-Favoriten während der Stillzeit meiner eigenen Kinder: Mein erster Lieblings-Sättiger war ein halber Becher geschlagene Schlagsahne garniert mit geschnittener Banane, Heidelbeeren und etwas Vanille. Mein zweiter Lieblings-Sättiger war ein halber Becher flüssige Sahne mit etwas Honig und darin eingeweichten Haferflocken – mit Soja-Vanillepudding auf fast 400 ml gestreckt.

Gönnen Sie Ihrem Kind geschmackliche Vielfalt.

Damals war mir noch nicht bewusst, dass sich der Geschmack und die Wirkung der Nahrung unmittelbar, also ca. drei Stunden nach der Mahlzeit (meistens beim nächsten Stillen) auf das Baby überträgt. Es wird bereits hier der Geschmackssinn geschult, beziehungsweise werden die kindlichen Geschmacksnerven geprägt auf das, was essbar ist und was nicht. Wenn mir das damals bereits bewusst gewesen wäre, hätte ich mit Sicherheit alles Süße weggelassen. Neben dem frühzeitigen Training des kindlichen Immunsystems, hat (macht!) das gestillte Kind beispielsweise auch später weniger Probleme, wenn es die abwechslungsreichere Beikost und dann die allgemeine Familiennahrung zu essen bekommt. Der Grund: So viele Geschmacksrichtungen wie sie in der Muttermilch zur Verfügung stehen, sofern sich die Mutter geschmacklich vielseitig ernährt hat, finden Sie in keiner künstlichen Babynahrung.

Deshalb meine Empfehlung für „Flaschenkinder": Sie können jeder Mahlzeit einen Tropfen bis zu einem Teelöffel, langsam gesteigert, von Ihrem „Erwachsenen"-Essen beifügen, seien es Suppen oder Saucen (selbst-gekochte, biologische ohne Glutamate etc.)

oder von dem Wasser, in welchem Sie das Gemüse gekocht haben. Auch die verschiedenen Geschmacksrichtungen von Kräutertees können Sie hier schon beginnen zu integrieren (keinen Schwarzen, Grünen oder Weißen Tee).

Stillen und Scharfes: weniger ist mehr

Ich persönlich bin der Überzeugung, dass Gewürze und Kräuter die Heilmittel in der Nahrung sind. Allerdings würde ich als stillende Mutter zeitweise eher weniger würzen. Nur einmal habe ich, als ich meine Tochter noch gestillt habe, definitiv zu scharf gegessen und das arme Kind hat während des nächsten Stillens immer wieder abgesetzt und musste weinen. Aber sie hat es gut überstanden und mag bis heute scharfes Essen. Ein anderes Mal habe ich meiner Vorliebe für Knoblauch nachgegeben, ohne zu bedenken, dass meine Tochter daraufhin (genau wie ich) einen riesigen Durst bekommen musste. Das hatte zur Folge, dass sie beim darauffolgenden Stillen – ich war damals überrascht, dass sich das Kind so früh wieder meldet – unglaublich fest und nachdrücklich an der Brust gezogen hatte, was ich noch Wochen später schmerzlich spürte. Insofern ist es sinnvoll, gelegentlich Wasser zu trinken zu geben (siehe Kapitel „Wasser") und bei Blähungen einen ganz leichten Kümmeltee. Dazu nehmen Sie in etwa so viele Kümmelsamen, wie Sie zwischen zwei Fingern aufnehmen können, überbrühen diese mit 100 ml heißem Wasser, decken das Gefäß ab, damit das wirksame ätherische Öl ins Wasser zurückfließen kann und schütten es nach fünf Minuten durch ein Sieb. Achten Sie darauf, dass Sie es Ihrem Baby nicht zu heiß zu trinken geben. Das Kümmelwasser können Sie auch als Grundlage für die Fläschchenzubereitung nehmen.

Wenn der Kümmel vor dem Aufgießen leicht zerstoßen wird, können sich die darin enthaltenen ätherischen Öle noch besser lösen. Damit wird die Heilwirkung (u. a. vorbeugend gegen Pilzbefall) erhöht.

Eine weitere amüsante persönliche Stillgeschichte handelt von der unbeabsichtigten Prüfung der Rauschwirkung von Muskatnüssen. Meine Schwester hatte zum Essen geladen und für das Gericht übermäßig viel Muskatnusspulver verwendet. Beim Stillen drei Stunden später bekam mein Kind (mit drei

Monaten!) einen richtig heftigen Lachanfall – es hatte einen regelrechten Schwips. Der Taufpate fragte mich sofort, ob ich heimlich etwas getrunken hätte, als Auslöser wurde jedoch die berauschende Muskatnuss enttarnt.

Ich persönlich empfehle Ihnen: Würzen Sie viel und kreativ, lediglich bei scharfen Gewürzen mit Bedacht. Versuchen Sie regelmäßig – drei Mal am Tag – ausreichend zu essen. Bauen Sie Ihre persönliche Nahrungspyramide in folgender Mengen-Wertigkeit auf: Gemüse, gutes Eiweiß, Obst, Gewürze und Öle, Kohlenhydrate. Bezüglich des Eiweißes können Sie Ihren Stoffwechsel entlasten, indem Sie pro Mahlzeit immer nur eine Eiweißsorte zu sich nehmen. Mit den Kohlenhydraten halten Sie es wie folgt: Verzehren Sie sie vorwiegend in Form von Gemüse wie Kartoffel, Karotte und Kürbis. Zudem empfehle ich Vollkorngetreide, fein gemahlen als Brei oder wie Reis zerkocht nach langem Einweichen und mindestens 40 Minuten Kochzeit (je nach Getreideart) und ab und zu ein Brot aus Sauerteig in Demeter-Qualität.

Pflege der Brustwarzen

Haben Sie Ihre Brust bereits während der Schwangerschaft durch Zitronenabreibungen und Bürstenmassagen gut auf das Stillen vorbereitet, dürften keine größeren Probleme bezüglich der Brustwarzen auftreten. Beim ersten Stillen und einem sehr leidenschaftlich trinkenden Kind ist jedoch eine Krustenbildung möglich. Solange sich nichts entzündet, stillen Sie einfach weiter (auch wenn Sie ab und zu die Zähne zusammenbeißen müssen) oder verwenden Sie bis zum Abheilen Stillhütchen und die nebenstehende Salbe. Haben Sie diese Salbe gerade nicht zur Hand, können Sie auf Honig zurückgreifen.

Störte Sie schon während der Schwangerschaft das Reiben Ihrer Kleidung an den Brustwarzen? Dann schafft das Mittel **Castor equi D8,** 2 x 5 Globuli täglich – schon während der Schwangerschaft eingenommen – gute Abhilfe.

Salbenrezept zur Pflege **der Brust**warzen:

- Eucerinum anhydricum
- Aqua calcarea aa ad 50 g
- Veilchensalbe 10 g
- Ringelblumensalbe 10 g
- 10 Tr. Achillea millefolium Urtinktur
- Eine Ampulle Cydonia 3% von Wala

M.f.ung. (Rezeptangabe für den Apotheker)

Von der Apotheke zubereiten lassen und nach jedem Stillen, wenn nötig auch zwischendurch, die Brustwarzen einreiben.

Muttermilch – so viel, so gut

Neben einer ausreichenden, gesunden, ausgewogenen und vor allem regelmäßigen Ernährung können Sie homöopathisch einiges zur Förderung der Milchmenge und -qualität tun. Für Frauen, die eher schlank sowie sehr nervös sind und sich durch das Stillen eher verunsichern lassen, ist die untenstehende Stillmischung I von Nutzen. Für Frauen, die kräftig sind und das Gefühl haben, „nicht in die Gänge" zu kommen, hilft Stillmischung II.

Um die Milch zum Fließen zu bringen, lassen Sie Gerste oder Bockshornkleesamen (einen Teelöffel in einer großen Tasse Wasser) über Nacht ziehen und am nächsten Tag mit etwas Kümmel kurz aufkochen. Giessen Sie damit dann die nebenstehende Teerezeptur für die Milchbildung auf. Bei Gefühl von Milchfluss-Störungen, Brustspannen, Knoten oder Entzündungen 2 – 3 x täglich eine Tasse dieser Mischung auch unabhängig von dem Gersten / Bockshornklee-Ansatz trinken.

Teerezeptur für die Milchbildung:

• Lindenblüten
• Pfefferminze
• Baldrian
• Malve blau
• Melisse
• Brennnessel

Je 10 g von der Apotheke mischen lassen.

Egal welche „Stauungs-" Probleme die Brust hat (auch Brustspannen vor der Menstruation), dieses Zeichen verlangt nach einer Leberentlastung, z. B. in Form von Mariendistel (Kapseln).

Rezept für die
Stillmischung I:

• Trigonella foenum graecum D2
• Ricinus communis D6
• Secale cornutum D6
• Valeriana D3
• Sambucus nigra e floribus D6
• Calendula D3
• Humulus lupulus D10
• Argentum jodatum D12
• Verbena D10
• Melissa D3
      aa ad 100 ml

3 x 10 Tropfen täglich.

Rezept für die
Stillmischung II:

• Galega officinalis D3
• Secale cornutum D6
• Ricinus communis D6
• Anisum D8
• Urtica dioica D3
• Argentum chloratum D6
• Chelidonium D6
• Melilotus D6
• Lapsana communis D10
• Valeriana D3
      aa ad 100 ml

3 x 10 Tropfen täglich.

Zur üblichen Stillförderung trinken Sie einen schon fertig gemischten gängigen Milchbildungs- beziehungsweise Stilltee (Anis, Kümmel, Fenchel, Brennnessel) und wechseln Sie diesen mit der o. g. Mischung ab. Falls Sie von den beschriebenen Milchbildungstees gerade keinen zu Hause haben und sich am dritten Tag der Milcheinschuss (nach vorheriger Abgabe des essentiellen Kolostrums) nicht einstellen mag, so ist auch ein Brennnesseltee oder Pfefferminztee dienlich.

Ein wichtiger Hinweis zur Dosierung: Sie können die Effektivität der Mittel steigern, indem Sie von den Tropfenmischungen (Stillmischung 1 oder 2) ca. 20 Tropfen in den jeweils passenden Tees geben.

Zu viel Milch

Alkoholumschläge (vorzugsweise mit 40 % tigem Schnaps) helfen bei verschiedenen Entzündungen wie Halsweh und Husten sowie bei Wachstumsschmerzen. Der Umschlag bleibt über Nacht, damit der Alkohol verdunsten kann.

Von der meist plötzlich einsetzenden Milchbildung werden viele Mütter äußerst schmerzhaft überrascht. Die zunächst übermäßig viele Milch sorgt für spannende und schmerzende Brüsten. Hier rate ich unbedingt vom Absaugen ab, denn jeder Saugreflex signalisiert dem Körper einen Mehrbedarf. Und da die Nachfrage auch beim Stillen das Angebot regelt, hat das Abpumpen eine weitere Steigerung der Milchproduktion zur Folge. Trinken Sie stattdessen 1/8 Liter biologischen Rotwein. Zusätzlich legen Sie einen Alkoholumschlag auf Ihre Brust (immer direkt nach einer Stillmahlzeit, damit er für gut zwei Stunden aufgelegt bleiben kann). Dazu nimmt man ein Stofftaschentuch, tränkt es mit Weißwein oder Sherry und legt es vorsichtig um die Brust, insbesondere auf die schmerzhaften Stellen. Dann gibt man eine Stoffwindel oder ein Gästehandtuch darüber und befestigt das Ganze mit einem elastischen Baumwoll-BH oder einem engem Top. Nach ca. zwei Stunden gönnen Sie sich eine warme Dusche. Sie werden buchstäblich erleichtert sein, da nun die überschüssige Milch von alleine abfließen kann. Ein solcher Alkoholumschlag ist auch bei einer Brustentzündung unglaublich angenehm und extrem hilfreich.

Genauso wie es Quarkwickel oder die guten alten Kohlwickel sind. Während der Einwirkzeit trinken Sie einen Tee aus der oben genannten Teemischung fürs Stillen und ergänzen diese mit Pfefferminze, Ringelblume, Gundelreben- und Heiligenkraut (Sanikula europ.).

Haben Sie eine Brustentzündung und wollen abstillen, so mischen Sie diese Kräuter in die weiter unten beschriebene Teemischung fürs Abstillen.

Auch Phytolacca in einer höheren Potenz ist eine gute Unterstützung, verringert allerdings ein wenig die Milchproduktion. Dazu eine kleine Geschichte aus meiner Praxis: Bei einer Patientin habe ich mich gewundert, warum es mit dem Stillen trotz meiner Empfehlungen nicht geklappt hat. Bei einem Besuch mit dem dann folglich abgestillten Kind einige Wochen später, fand ich heraus, dass ihr die Hebamme das Mittel **Phytolacca C6** jeden Tag 3 x verabreicht hatte. Diese Dosierung und Potenz ist ein perfektes Mittel zum Abstillen, was sich damit wieder einmal mehr bestätigt hat.

Zur Förderung des idealen Stillvorgangs, beziehungsweise der entzündungsfreien Milchbildung und Beseitigung von Schmerzen, ist **Phytolacca D3**, 2 – 3 x täglich eingenommen sinnvoll. Die relativ hohe Potenz C6, ist 1 x täglich für 3 Tage hintereinander zur Prävention absolut ausreichend oder auch bei akuten Entzündungen hilfreich. Ist die Brust dann noch nicht beschwerdefrei, sollte man unbedingt zu einem anderen Mittel greifen. Bewährt hat sich hier beispielsweise **Apis C30** (oder D200) als Einmalgabe. Oder auch **Apis D6** und **Phytolacca D3** stündlich im Wechsel am ersten Tag, danach 3 x 5 Globuli täglich bis zur Ausheilung.

Haben Sie dauerhaft zu viel Milch, können sanfte Wechselduschen auf die Brust Abhilfe schaffen – enden Sie dabei immer mit warmem Wasser.

Tropfenmischung für das Abstillen:

- Urtica urens D8,
- Petroselinum hort. D2
- Agnus castus D2
- Humulus lupulus D2
- Salvia officinalis D2
- Phytolacca D30

aa ad 50 ml

In der Dosierung 3 x 10 Tropfen täglich.

Teerezeptur für das Abstillen:

- Hopfenblüten
- Salbeiblätter
- Korianderblätter
- Odermenning
- Naneminze
- Kleeblüten weiß

Je 20 g mischen und 1 EL auf 250 ml ca. 10 Minuten ziehen lassen.

Mütter, die zu viel Milch produzieren, können die nebenstehende Mischung einnehmen.

Um beim Abstillen den Milchfluss zu stoppen, ist auch der Mönchspfeffer als Phytotherapeuticum zu nennen, welches Sie dann mit untenstehender Teerezeptur kombinieren können.

Ernährung nach dem Stillen

Für Ihr Baby ist dann der richtige Zeitpunkt für das Zufüttern von anderen Nahrungsmitteln gekommen, wenn es selbst neugierig darauf wird und danach verlangt. Dann kann es bedenkenlos alles probieren, was Sie auch essen (ein wenig – zur weiteren Geschmacksnervenbildung).

Ansonsten beschließen Sie als Mutter, wann Sie etwas anderes als Mahlzeit ersetzen wollen. Für den Anfang ist es gut, mit einem Brei aus Reis- oder Haferflocken, oder Dinkelgries zu beginnen. Sie können diesen einfach mit Wasser kochen, eventuell mit ein klein wenig Kümmelpulver. Das Getreide macht die Kinder „kernig", was soviel bedeutet, dass sich die Statur gesund und kräftig entwickeln kann. Maismehl ab dem achten Monat ist auch eine gute Möglichkeit. Als nächste oder zusätzliche Essensvariante ist an Kartoffeln, Pastinaken, Karotten oder Kürbis zu denken. Bitte kochen oder garen und pürieren Sie diese selbst, geben ein klein wenig gutes Öl oder ein wenig Butter dazu. Die Gläschen sind für unterwegs ganz praktisch, aber keinesfalls mit selbstgekochten Nahrungsmitteln an Energie, Liebe und Geschmack zu vergleichen.

Ab dem Alter von spätestens acht Monaten können Sie von Ihrem eigenen Essen, sofern es gekocht und nicht frittiert oder in Öl ausgebraten ist, eine kleine Portion pürieren und Ihrem Kind zu essen geben. Neigen Sie dazu, zu viel zu salzen, so mischen Sie 2/3 Getreidebrei (z. B. Polenta oder Dinkelbrei) mit 1/3 von Ihrem pürierten Essen.

Die „Stillbeziehung" zu Ihrem Kind

Grundsätzlich können Sie Ihr Baby nach der Geburt stillen, wann immer es möchte (Stillen nach Bedarf), auch wenn nicht jede Gemütsäußerung gleich mit Hunger interpretiert werden muss. Eine gewisse Regelmäßigkeit wird sich bald von alleine einstellen. Vertrauen Sie primär Ihrem mütterlichen Instinkt, bevor Sie sich durch „gut gemeinte Ratschläge" verunsichern lassen. Alle „Stillregeln", wie beispielsweise ob, wann, wo, wie lange eine Mahlzeit zu dauern hat, beziehungsweise wie oft das Kind zu trinken hat etc., haben meist nur die Ablenkung vom eigenen Gefühl zur Folge und lassen dadurch eine gewisse „Lockerheit" verloren gehen, die Sie als Mutter jetzt am dringlichsten brauchen. Mein einziger Vorschlag hierzu ist, dass Sie sich ganz auf sich selbst und Ihr Kind einlassen und einfach fühlen (!), was gut und richtig ist. Die Stillgeschichte zwischen Mutter und Kind ist so individuell, wie die Mutter-Kind-Beziehung an sich. Vertrauen Sie sich selbst und Ihrem Kind – Sie beide sind die einzigen, die wirklich „wissen", was Sie beide brauchen! Falls Sie merken, dass Ihr Kind ein kleiner „Nimmersatt" ist (damit meine ich, dass es nach etwa zwei Monaten immer noch alle zwei bis drei Stunden trinken möchte), können Sie versuchen, die Stillintervalle zu verlängern. Voraussetzung ist, Sie sind sich sicher, dass Ihre Milchproduktion in Ordnung ist. Ermöglichen Sie Ihrem Baby zwischendurch einen intensiven Körperkontakt, indem Sie es beispielsweise in ein Tragetuch legen und es abends eine kräftige oder zärtliche Babymassage genießen lassen. Geben Sie Ihrem Baby ein wenig Wasser zum trinken (bitte hierzu das Kapitel „Wasser und Salz" berücksichtigen).

Körperkontakt ist eine wichtige Zufriedenheitsgarantie bei Babies.

Zum Stillen nehmen Sie sich genügend Zeit. Suchen Sie sich, vor allem in der ersten Zeit, ein gemütliches Plätzchen und wählen Sie sich, wenn Sie mögen, eine individuelle „Stillmusik" aus. Auf diese Klänge wird dann später sowohl Ihr Körper als auch das Kind reagieren, immer dann, wenn Sie eine ruhige und nährende Atmosphäre schaffen wollen. Stellen Sie sich eine schöne

Der Körper kann mit Musik und Düften für bestimmte Ereignisse leicht konditioniiert werden.

Ein wenig ätherisches Öl von Rosengeranie und Fenchel in der Duftlampe ermöglicht eine schöne Stillatmosphäre und unterstützt die Brustdrüsenfunktion.

Tasse Tee oder ein Glas Wasser bereit, um selbst genügend Flüssigkeit aufzunehmen und lassen Sie sich voll und ganz auf Ihr Baby ein. Genießen Sie es, wie Ihr Kind es genießt!

Die Energie, die das Kind über die mütterliche Brust aufnimmt, den positiven Pol der mütterlich-weiblichen lebenserhaltenden Herzenergie, kann durch nichts ersetzt werden.

Falls nun trotz aller Bemühungen das Stillen nicht klappen sollte, stellen Sie mit einem klaren Entschluss und ohne schlechtes Gewissen auf Flaschennahrung um. Es ist für den Stoffwechsel des Kindes meistens von Vorteil, eine Ersatznahrung auf Ziegenmilch-, Soja- oder Getreidebasis zu wählen (Beachten Sie hierzu das Kapitel über die Milch). Wenn Sie dann beim Fläschchengeben auf eine entspannte Umgebung und genügend Körpernähe achten, dürfte auch die emotionale und seelische Nahrung nicht zu kurz kommen. Für die positiv geladene weibliche Energie können Sie allerdings dann nur mit der Vorstellung arbeiten, denn Energie folgt der Aufmerksamkeit. Nur Frauen sind im Herz/Brustbereich positiv geladen – was soviel bedeutet, dass sie geben und nähren. Männer sind in dem Bereich gegenpolig und somit im „Aufnahmemodus", d.h., dass sich durch das Füttern des Kindes ihr Herz öffnen kann, was für die Vater-Kind-Bindung sehr wichtig ist.

Und noch eine Anmerkung, die ich mir nicht verkneifen kann: Es gibt Frauen, die aus kosmetischen Gründen nicht stillen wollen. Diese Einstellung liegt außerhalb meines Wertesystems und ist daher für mich nicht nachvollziehbar.

Der Wunsch nach Schönheit ist jedoch verständlich. Ich möchte hier gerne ins Bewusstsein bringen, dass Liebe – sowohl die Selbstliebe, als auch die innerhalb einer Familie – das beste „Schönheitselixier" ist, welches es gibt. Und halten Sie sich nebenbei ein wenig an die hier beschriebenen Tipps und Empfehlungen, wird auch körperlich alles im „schönen" Rahmen bleiben.

Schlaf, Kindlein, schlaf?

Zum Einschlafen scheinen ausnahmslos alle Kinder Rituale zu lieben. Daher ist es ratsam, spätestens bis zum zweiten Lebensjahr eine feste Einschlafzeit und ca. ab dem sechsten Lebensmonat auch einen konstanten Schlafort zu etablieren. Meinem persönlichen Empfinden nach, sollte man den Neugeborenen in den ersten drei Monaten ihres Lebens durchaus „Narrenfreiheit" gewähren. Damit meine ich, man sollte möglichst unmittelbar auf ihre Bedürfnisse reagieren oder anders: sie nicht unnötig schreien lassen. Denn laut Forschung bildet das Gehirn die meisten seiner Verknüpfungen in den ersten drei Lebenswochen und dann fast alle restlichen Verknüpfungen für das ganze Leben in den ersten drei Lebensmonaten. So „lernt" das Kind bereits jetzt, dass seine Bedürfnisse relevant sind, weil sie gehört und – soweit möglich – befriedigt werden. Das ist wichtig, um „Urvertrauen" aufzubauen und die Welt als einen gütigen Ort zu betrachten. Lernt der neue Erdenbürger, dass sein Umfeld gutmütig, wohlwollend und großzügig reagiert, so kann er genau diese Eigenschaften auch selbst entwickeln. Babys, die man bewusst schreien lassen würde, hören auch irgendwann damit auf, aber aus Resignation! Sollte das die erste Prägung in Bezug auf seine eigenen Bedürfnisse sein, so können wir uns vorstellen, welchen Bezug dann der spätere Erwachsene zu sich selbst entwickeln kann.

Bedürfnisbefriedigung ist gut! Denn der Mangel, den ein Baby erfahren kann, ist im Erwachsenenalter nicht mehr aufzuholen – trotz aller verzweifelten Versuche, die sogar in Suchttendenzen ausgelebt werden können.

Ab etwa dem vierten Lebensmonat kann man dann beginnen, dem Kind das Schlafen „beizubringen", falls es noch nicht von alleine einschlafen sollte.

Schlaf, Kindlein, schlaf!

Viele Eltern haben gar kein Thema mit dem Schlaf Ihrer Kinder. Sie legen Sie abends hin, geben vielleicht noch eine Mahlzeit um Mitternacht und sehen dann Ihr Baby erst morgens wieder richtig wach. Herzlichen Glückwunsch zu so einem Kind!

Haben Sie zu Hause einen „Bewegungseinschläfer", der ständig in den Schlaf geschaukelt oder getragen werden möchte, dann ist eine Babyhängematte oder eine Babywiege sehr hilfreich und meistens auch ausreichend, um diesen Typ Kind in den Schlaf zu wiegen und auch Ihren Rücken zu schonen.

Gehört Ihr Sprössling zufällig zu denjenigen, die scheinbar gar nicht schlafen wollen, dann empfehle ich Ihnen das folgende Lernprogramm, damit das Allein-Einschlafen und Durchschlafen möglich wird:

Legen Sie Ihren gesättigten Zögling zur gewohnten oder gewünschten Schlafenszeit in sein Bettchen, wobei der letzte Schlaf mindestens vier Stunden zurückliegen sollte. Dabei ist es essentiell wichtig, dass Sie innerlich davon überzeugt sind, dass Sie „das jetzt genau so machen" – auch wenn Ihr Kind stark dagegen protestieren sollte.

Kinder sind immens gute „Spiegel", die unsichtbare Themen der Eltern oder des Familiensystems in die sichtbare Welt bringen.

Sobald Sie auch nur ein wenig unsicher sind oder daran zweifeln, ob Sie das Ihrem Kind jetzt schon „zumuten" wollen, wird es das bemerken und sich dagegen sträuben! Sind Sie allerdings zu der inneren Überzeugung gekommen, dass das Einschlafen ab jetzt nach Ihren Vorstellungen laufen darf, dann wünschen Sie ihm auf Ihre persönliche Art eine gute Nacht. Das kann ein Gute-Nacht-Lied oder eine Füßchen-Massage sein. Oder sie bereiten ihm vorher ein Gute-Nacht-Bad als Zubettgeh-Ritual mit anschließender Baby-Massage und / oder rhythmischen Streicheleinheiten zu einer ruhigen Musik. Wählen Sie auf alle Fälle etwas, was Sie als Abend-Ritual gut und gern auch über lange Phasen durchführen möchten. (Die Erfahrung zeigt hier, dass die etwas aufwendigeren Rituale meist den Erstgeborenen vorbehalten bleiben, während ab dem zweiten Kind alles etwas effektiver und schneller vonstatten geht.) Bleiben Sie im Zimmer. Wenn das Baby ruhig bleibt, können Sie ein Buch lesen, stricken oder sich selbst etwas ausruhen. Sollte es aber schreien, so lassen Sie es ruhig protestieren, aber lassen Sie Ihr Kind dabei nicht allein. Lernen Sie selbst dabei, bei diesem Geschrei ruhig zu bleiben und den Stress, den diese Töne in Ihrem Körper erzeugen, zu beobachten. Sie können Ihr Kind dabei streicheln und ruhig mit ihm sprechen oder singen. Bleiben Sie auf alle Fälle ruhig und sicher in Ihrer Absicht: „Jetzt. Wird. Geschlafen." Das kann zu Beginn schon einmal ein bis zwei Stunden dauern, aber wenn Sie sich einmal dazu entschlossen haben, Ihr Kind auf diese Art und Weise das Selbst-Einschlafen zu lehren, dann sollten Sie unbedingt dabei bleiben. Konsequenz ist ein Zaubermittel in der Erziehung, das gilt auch schon für die Kleinsten. Sie werden, je nach Charakter des Kindes, nicht länger als fünf Abende dazu brauchen, wobei die Dauer des kindlichen Protestierens in der Regel allmählich abnimmt. Suchen Sie sich vorzugsweise eine Zeit dazu aus, in der nur Menschen um Sie sind, welche Sie in Ihrem Vorhaben unterstützen.

Konsequenz funktioniert nur, wenn Sie selbst ruhig und gelassen bleiben können und es nicht in einen kalten Machtkampf übergeht.

Sollten Sie Gewissensbisse plagen, kann vielleicht die Beobachtung des Tierreichs hilfreich sein: Wenn eine Katze oder ein Vogel Nahrung besorgen muss, oder anderes zu tun hat, wie beispielsweise Feinde abzuwehren, können die Tierbabys miauen und piepen sowie viel sie wollen, das Muttertier lässt sich davon nicht irritieren. Oder aber sie müssen es wie die Affen machen und Ihr Kleines ständig in den Schlaf tragen, dann wünsche ich Ihnen jedoch einen starken Rücken und ein leichtes Baby. Das kann dann nämlich unter Umständen auch schon einmal länger als ein Jahr dauern, denn die Umgewöhnung vom mütterlichen / väterlichen Arm zum Kinderbett wird von Monat zu Monat schwieriger. Wir Eltern sprühen ja bekanntlich nur so vor Kreativität, wenn es um das Schlafenlegen unserer Sprösslinge geht. So kommen einige Eltern auf die Idee, ihr Baby zur Schlafenszeit Abend für Abend im Auto herumzufahren oder auf die wummernde Waschmaschine zu stellen oder den Staubsauger laufen zu lassen etc. Auch das kann helfen und manch eine Anekdote muss man mit humorvollem Schmunzeln hinnehmen.

Das Beste für die Kinder ist tatsächlich, von den Eltern getragen zu werden. Man sollte aber bereit sein, das auch so lange zu tun, bis die Kinder dem Getragenwerden von alleine entwachsen sind.

Homöopathisch kann man den (Durch-)Schlafprozess je nach nächtlicher Symptomatik folgendermaßen unterstützen:

- **Ambra D30** – Für Babys, die einfach nicht in den Schlaf finden wollen.
- **Coffea D30** – Wenn die stillende Mutter nicht auf Kaffee oder Schwarzen / Grünen Tee verzichten kann.
- **Lachesis D200** – Wenn das Kind nachts schreiend aufwacht.
- **Belladonna D30** – Bei fast schon wütendem Geschrei und rot angelaufenem Gesicht.
- **Chamomilla D200** – Wenn das Kind so fürchterlich schreit, dass man selbst schon völlig in Panik ist und **Moschus D200** für die Mutter.
- **Acidum hydrofluoricum D12** – Kann ein Kleines auf Grund einer sogenannten Reizüberflutung, wie beispielsweise zu viel Verwandtenbesuch, ein erster Stadtausflug oder ähnlicher Aufregungen nicht schlafen, ist dieses Mittel als Einmalgabe angezeigt (evtl. nach 30 Minuten einmal wiederholen).
- **Zincum valerianicum D3, Passiflora D3 und Avena sativa D3** – Bei schlaflosen Müttern und Babys, jeweils 3 x 1 Globuli in die Backe des „Hallo-Wach-Kindes".
- Oder Sie geben Ihrer kleinen Nachteule abends eine **Ampulle Renes / Cuprum** von Wala in etwas Wasser zu trinken und / oder streicheln sie mit Solum-Öl von Wala und einer sanften Bauchmassage in den Schlaf.

Auch Lavendelduft aus einer Duftlampe im Kinderzimmer oder ein Lavendelsäckchen in der Nähe des Bettchens wirken ebenfalls schlaffördernd. Ein Hopfen-Heublumensäckchen hat eine ähnliche Wirkung. Wenn Sie ein „Schrei-Kind" haben, das Ihnen Nacht und Nerven raubt, wird ein erfahrener Osteopath den Geburtsstress, der den Vagus-Nerv blockieren kann, manchmal schon in einer einzigen Behandlung manual-therapeutisch auflösen (Weiteres siehe auch unter Kapitel „Fluor & Vitamin D").

Die beruhigende Schlafmischung in der Duftlampe ist: ätherisches Lavendelöl in ein wenig Johanniskrautöl.

Geborgenheit & Sicherheit: weiblich & männlich?

Babys sind die Seismographen ihrer Eltern. Sie reagieren schon unmittelbar von Geburt an auf jede kleine Unsicherheit oder Unklarheit. Als hätten sie kleine Antennen, die ihnen signalisieren: „Hier ist keine Klarheit, da habe ich weder Halt noch Sicherheit, dann fühle ich mich nicht wohl und äußere es, wie es mir im Augenblick möglich ist." Und das ist: Schreien! Kinder brauchen außer Liebe bestenfalls zwei ganz wesentliche Aspekte: Geborgenheit und Sicherheit. Erstere könnte man eher als mütterliche Angelegenheit der Körpernähe, des Pflegens, Versorgt-Seins und Tröstens sehen. Zweitere kann sich am Anfang durch die klare zeitliche Abfolge, die verlässlich gleichen Reaktionen auf bestimmte Situationen oder Verhaltensweisen und wenige, aber konsequente Grenzen zeigen, was eher dem väterlichen Prinzip entspricht. Hier möchte ich jedoch ausdrücklich betonen, dass alle menschlichen Wesen beide Aspekte, die männlichen und die weiblichen Potentiale in sich tragen und jederzeit darauf zurückgreifen können. Dann zum Beispiel, wenn kein anderer Mensch verfügbar ist (Partner, Geschwister, Großeltern), der die Gegen-Rolle übernehmen kann.

Die „schlimmen Zähnchen"

Die meisten Kinder bekommen innerhalb des ersten Lebensjahres ihren ersten Zahn. Es kommt aber auch vor, dass ein Säugling bereits mit seinem ersten Zahn auf die Welt kommt. Und dann wiederum gibt es Babys, die erst nach ihrem ersten Geburtstag das erste Zähnchen sehen lassen. Statistisch gesehen kommen die ersten Zähne zwischen dem dritten und dem fünftem Monat heraus. „Böse" Akademiker pflegen den Spruch: „Traue keiner Statistik, die du nicht selbst gefälscht hast!" Ich sage Ihnen so viel dazu: werden Sie nicht Opfer der Statistiken! Die ermittelten Werte sind Durchschnitts-Angaben, die anhand unzähliger Individuen erstellt werden. Leider beinhalten

Bei Zahnungsproblemen hilft die Kombination **Cuprum metallicum D6, Calcium phosphoricum D6** und **Calendula D6,** 3 – 5 x täglich 3 Globuli (weitere Mittel siehe Ende Kapitel „Fluor & Vitamin D).

sie demnach nicht die Extremwerte. Dies sind all die Werte, die bei uns Menschen normalerweise vorkommen. Sehen Sie Statistiken eher als allgemeine Orientierung. Vergleichen Sie Ihr Kind nicht sklavisch mit den statistischen „Normalfällen". Beunruhigen Sie sich nicht, wenn Ihr Kind nicht zum allgemeinen „Durchschnitt" gehört. Der ist ohnehin von Land zu Land unterschiedlich. Ehrlich gestanden sind mir in meinem (Praxis-)Leben bisher nur Individuen begegnet, die allesamt keine DIN-Maße hatten, und ich wäre sehr erfreut, wenn dies auch weiterhin so bliebe.

Zurück zu den Zähnchen: Es ist bei jungen Eltern weit verbreitet, dass spätestens ab dem dritten Lebensmonat jede Unmutsäußerung des Sprösslings auf „die schlimmen Zähnchen" geschoben wird. Doch dabei wird außer Acht gelassen, dass Babys nun einmal keine andere Möglichkeit haben, ihr Unbehagen zum Ausdruck zu bringen, als zu quengeln oder zu schreien. Und das tun sie aus den unterschiedlichsten Gründen. Auch Durchfall, Fieber und übermäßiger Speichelfluss ab dem dritten Monat werden stets auf das Zahnen zurückgeführt. Hier sollte man jedoch nicht aus den Augen verlieren, dass in den schulmedizinischen Kinderarztpraxen mit drei Monaten die erste Impfung durchgeführt wird (leider inzwischen auch schon viel früher). Ergo sage ich Ihnen – falls die erwähnten Symptome nicht schon vorher da waren – kann man sie genauso gut (oder vielmehr schlecht!) auf die Verarbeitung der Impfung zurückführen. Vor allem dann, wenn Ihr Kind plötzlich nicht mehr durchschläft oder nachts schreiend aufwacht, obwohl es bis dato ein guter Schläfer war.

Wenn die Körpersprache eines Neugeborenen nicht „gehört" wird, kann es sich nur mit Schreien verständigen.

Fluor & Vitamin D

Wenn die Kinder auf die Welt kommen, sind ihre Körper noch sehr „weich" und elastisch. Das ist unglaublich wichtig, wenn man bedenkt, wie oft Babys hin(unter)fallen oder sich irgendwo anstoßen. Auf Grund ihrer Weichheit ist es nicht bedenklich oder gar gefährlich, die Babys in einem Tragetuch oder einem Baby-Sitz zu transportieren. Denn mit zunehmendem Bewegungsdrang strecken sich die Kleinen ohnehin immer mehr von alleine, und zwar noch lange bevor das sogenannte „Verhärten" beginnt.

So müssen sich auch die kleinen Zähnchen erst durch den kindlichen Kiefer arbeiten. Fängt man nun an, diesen „weichen" Zustand mit Fluor-Zusätzen vorzeitig zu beenden, hat dies zu Folge, dass die Zahnung viel schmerzhafter vonstatten geht. Zudem verhärten auch die Knochen und können deshalb leichter brechen. Gesunde Zähne brauchen abgesehen davon nicht nur Fluor, sondern auch Phosphor, Kalzium und verschiedene andere Salze – vor allem aber gesunde Organe, zu denen jeder einzelne Zahn von Anfang an einen subtilen Bezug hat. In der Schwangerschaft eingenommenes Antibiotikum kann erwiesenermaßen zu dauerhaften Zahnschmelzstörungen führen.

*Um eine übermäßige Fluorzufuhr wieder auszugleichen nimmt man **Natrium fluoratum D12** 1 x täglich 3 Globuli, ca 10 Tage lang.*

Viele Neugeborene haben einen schmerzhaften Blähbauch. Es kann eine Folge von Fluor-Tabletten sein, denn biochemisch ist Fluor etwas kleiner als Chlor (Natrium chloratum = Speisesalz). Es verdrängt dadurch das Chlor, schiebt sich sozusagen hinein und verhindert etwa im Körper die gesunde Bildung von Magensäure und Acetylcholinum chloratum. Letzteres ist im Stoffwechsel für die Bildung der Gammaaminobuttersäure „GABA" ausschlaggebend, einem Stoff, welcher eine beruhigende Wirkung im Gehirn erzielt, die erstmal wichtig ist, um Fieberkrämpfe zu vermeiden und später, um die Ausbildung einer gewissen „Zappeligkeit" entgegenzuwirken. Lässt man die Fluor-Tabletten weg, sind meistens als erstes die Bauch-Beschwerden verschwunden, und als nächstes kann es sein, dass Ihr Kind anfängt ruhiger zu schlafen.

*Die homöopathisch potenzierten Salze haben interessante Arzneimittelprofile, u. a. ist **Natrium fluoratum** ein hervorragendes Mittel gegen Epilepsie.*

Falls dann noch Zahnungsprobleme auftreten, können Sie homöopathisch **Chamomilla D8**, besonders, wenn das Zahnen mit Durchfällen begleitet ist, 3 – 5 x täglich geben. Weitere

Rezept für die „Starke-Zähne"-Mischung:

- Magnesium phos. D4
- Calcium fluor. D6
- Symphytum D3
- Kalium bichrom. D4
- Silicea D6
- Plantago D2
- Capsicum D4
- Asa foetida D8
- Harpagophytum D2
- Kreosotum D6

aa ad 100 ml

Entweder man trägt 3 – 5 Tropfen auf das Handgelenk des Babys auf oder gibt ihm 3 Tropfen auf einem Teelöffel mit Wasser. Ab einem Alter von etwa einem Jahr können dann 2 x 10 Tropfen in etwas Wasser oder Tee beigefügt werden.

Die „Starke-Zähne"-Mischung kann ab dem zweiten Lebenjahr 2 x jährlich für 6 Wochen verabreicht werden.

Mittel sind **Acidum hydrofluoricum D12** 1 x 1 Tablette täglich und **Magnesium phosphoricum D6** 3 x 1 Tablette ratsam, um eine gewisse Entspannung während dieser Zeit zu unterstützen.

Den obligatorisch verordneten Vitamin-D-Tabletten stehe ich eher kritisch gegenüber. Bekommt das Kind in seiner Nahrung ab und zu ein Eigelb und ist täglich mindestens eine Stunde an der frischen Luft, brauchen Sie ihm zusätzlich keine Vitamin-D-Präparate zu geben. Möchten Sie die Knochensubstanz etwas unterstützen, so ist **Calcium phosphoricum D4** und **Calcium carbonicum D2** 3 x 1 Tablette täglich eine gute Möglichkeit. **Conchae comp.** von Wala 2 x täglich gegeben, unterstützt nicht nur die Knochen, sondern auch das „eigene" Energiefeld des Kindes.

Falls Sie die Zähne auf jeden Fall stärken wollen, weil auf Grund der Erbsubstanz oder bestimmter Medikamente, welche die Mutter in der Schwangerschaft einnehmen musste, die gesunde Zahnbildung gefährdet sein könnte, so gibt es die nebenstehende Mischung, die dem Kind ab ca. dem sechsten Monat ein halbes Jahr lang verabreicht wird.

Windeldermatitis – Soor – Koliken

Gegen den unangenehmen Ausschlag am Po oder allgemein gegen einen wunden Po geben Sie Ihrem Kind **Borax D4** 5 x 2 und **Conchae comp.** von Wala 3 x 2 Globuli täglich und achten Sie in der Zeit der bestehenden Symptomatik auf eine entsäuernde Ernährungsweise. Das bedeutet für stillende Mütter, dass sie den Verzehr von tierischem Eiweiß, Obst und Rohkost reduzieren und sich auf gekochtes Getreide, wie Dinkel oder Vollkornreis, viel Gemüse, Gratins und Suppen konzentrieren. Äußerlich hilft Johanniskrautöl gegen den Juckreiz und wenn der Po sehr wund ist auch das alte Hausmittel Bienenhonig. Der Honig mag auf offenen Stellen etwas brennen, meistens aber nur ganz kurz, was sich dann in Wohlgefühl auflöst. Honig ist desinfizierend und schmerzlindernd. Er zieht völlig in die Haut ein. Nach Möglichkeit, besonders im Sommer ist es hilfreich, die Windel wegzulassen, damit sich an der Luft ein „trockenes Klima" einstellen kann und das feucht-warme Milieu keinen Nährboden für Pilze bildet. Ein wenig Kamillenpuder (z. B. Chamo Bürger) darauf zu streuen ist dafür ebenfalls von Nutzen.

Auch der lästige Soor im Mundbereich wird mit **Borax D4** Globuli 5 x 3 oder Tabletten 5 x 1 täglich behandelt. In diesem Fall ergänzt man die Unterstützung durch eine Ampulle **Mucosa comp.** von Firma Heel und eine Ampulle **Renes / Cuprum** von der Firma wala. Die Ampullen werden zeitversetzt mit einem Plastiklöffel in den Mund oder ins Trinkfläschchen mit Wasser zum Einnehmen gegeben.

Hat die Mutter vor und in der Schwangerschaft viel für ihr Darmmilieu getan, muss das Kind um so weniger an Fehlbesiedelung wie Soor leiden.

Da in beiden vorher genannten Fällen das innere Bakterienmilieu ausschlaggebend ist, gibt man zusätzlich ein probiotisches Präparat (z. B. Bactoflor-Pulver), um die nützlichen Laktobazillen zu vermehren. Werden diese nicht gut vertragen fehl häufig das Vitamin B2 (Riboflavin) durch welches die Aufnahme erst stattfinden kann. Die Lactobazillen helfen auch gegen Verdauungsprobleme wie Verstopfung, Durchfall, Koliken oder Blähungen, besonders in Kombination mit **Magnesium phosphoricum D6** und **Cuprum metallicum D6**, von welchen jeweils 1 – 3 Tabletten im Fläschchen aufgelöst werden oder mit etwas Wasser direkt gegeben werden.

Bindehautentzündung

Es kann vorkommen, dass sich morgens in den Äuglein gelbes Sekret abgelagert hat oder sie sogar regelrecht verklebt sind. Waschen Sie die Äuglein behutsam von außen nach innen mit abgekühltem Kamillentee (auch Salbei- oder schwarzem Tee, wenn Kamille gerade nicht im Haus ist). Danach geben Sie einen Tropfen **Echinacea comp.** Augentropfen in jedes Auge (innerer Augenwinkel, der Kopf liegt seitlich, damit die restliche Flüssigkeit herausfließen kann).

Zusätzlich braucht das Kind **Silicea D12**, eine Woche lang 5 x 1 Tablette, danach bis zu sechs Wochen eine Tablette am Tag. Die hier genannten Mittel sind bei Augenentzündungen in jedem Alter wirksam. Bildet sich ein Gerstenkorn am Augenlid, so geben Sie zusätzlich **Staphisagria C30** einmal 5 Globuli an jeweils drei aufeinander folgenden Tagen.

Ohrenentzündung

Rezept für die Mischung bei Ohrenschmerzen:

- Kalium sulfuricum D6,
- Apis D6
- Phytolacca D6
- Spongia D3
- Pulsatilla D8
- Calcium jodatum D6
- Sempervivum D2
- Chamomilla D8
- Aconitum D12
- Hepar sulfuris D6
           aa ad 100 ml

3 x 10 Tropfen in etwas Wasser oder 20 Tropfen in den Winterwohl-Tee nach Pythorea.

Gegen eine Entzündung im Ohr hilft ein Tropfen Sempervivum (Hauswurz) Urtinktur im betroffenen Ohr – bei sehr kleinen Kinder verdünnen Sie fünf Tropfen mit einem Esslöffel Wasser und nehmen daraus einen Tropfen. Noch besser wäre der frische Pflanzensaft. Nach dem Hineintropfen lagern Sie Ihr Kind so, dass die nicht resorbierte Flüssigkeit wieder herausfließen kann. Sofern das Kind es also vom Schmerz her gut annehmen kann, legt man es auf das betroffene Ohr. Kann es Wärme gut vertragen, machen Sie ihm mit Hilfe eines Sockens oder eines Waschlappens ein Kissen aus erhitztem Meersalz (Achtung! Verbrennungsgefahr, falls das Salz zu heiß ist. Bitte prüfen Sie die Wärme erst an Ihrer Backe für mindestens 20 Sekunden.).

Tut ihm eher Kälte gut, würfeln Sie ein Stückchen Zwiebel, geben es in ein Stofftaschentuch und legen Sie es auf das erkrankte Ohr. Diesen Zwiebelwickel kann man – sofern er Erleichterung bringt – stündlich wiederholen.

Zusätzlich sind bei akuter Ohrenentzündung, gemäß den unterschiedlichen Beschwerdebildern, folgende Mittel angezeigt:
- **Hyoscyamus D12** – Bei lautem, verzweifelten Schreien. Stündlich 3 Globuli.

- **Chamomilla C30** – Bei lautem Schreien und eher „runden" Kindern. Eine Gabe in Wasser aufgelöst, davon stündlich 1 TL (nach der dritten Stunde aufhören).
- **Hepar sulfuris D30 (C30)** – Bei braunem herausfließenden Sekret. Stündlich 3 Globuli (nach der dritten Stunde aufhören).
- **Pulsatilla D30 (C30)** – Bei sehr leidenden, jammernden Kindern, die an den Eltern „hängen". Stündlich 3 Globuli (nach der dritten Stunde aufhören).
- **Ferrum phosphoricum D12** – Bei Neigung zu Fieber. Stündlich eine Gabe oder 20 Tropfen in den Winterwohltee nach Pythorea.

Wenn Sie bei den oben differenzierten fünf Mitteln zu einem bestimmten Mittel ein gutes Gefühl haben oder einen Therapeuten, der Sie in Bezug auf Ihr Kind beraten kann, so können Sie aus der Ohrenschmerzen-Mischung mit dem speziellen zusätzlichen Mittel eine 110 ml Tropfenmischung herstellen lassen, die Sie dann zu Hause für Ohren-Notfälle bereit haben.

Wird ihr Kind mit homöopathischen Hochpotenzen zusätzlich behandelt, so fragen Sie im Fall von sich wiederholenden Ohrenschmerzen nach einer Gabe **Tuberculinum D30**, es ist fast immer unterstützend hilfreich. Besonders bei Kindern die häufig Nasenbluten haben oder zu vergrößerten Polypen neigen.

Das akute Nasenbluten wird mit **Ferrum phosphoricum D12** behandelt, alle 2 Minuten ein paar Tropfen in den Nacken einreiben oder auf die Zunge geben (hier evtl. verdünnt wegen des Alkohols).

Bezüglich der Ohrenschmerzen wäre konstitutionell **Medorrhinum D200** von Ihrem Homöopathen als Einmalgabe gut, wenn das Kind auch zu Muttermalen neigt oder immer auf dem Bauch schläft.

Entzündungen aller Art

In der Teemischung „Winterwohl", meinem speziellen Zauber-trank zur Erkältungszeit, ist die Gundelrebe oder auch Gundermann enthalten. Dieses Kraut wirkt Wunder, besonders bei Entzündungen im oberen Körperbereich. „Gund" ist ein altdeutsches Wort, mit „Grind" verwand und steht für Eiter, deshalb ist es bei sämtlichen Eiterungen, Verschleimungen und Entzündungen hilfreich. Und da Kinder nach der ayurvedischen Lehre einen Kapha-Überhang haben, ist bei ihnen gerade der Kopfbereich für Verschleimungen / Eiterungen / Entzündungen jeder Art sehr anfällig.

Milchsäurebakterien sind die guten Helfer in unserem Körper.

Wenn Sie einmal in eine Situation kommen, in welcher weit und breit kein Arzt zu finden ist und Sie durch blöden Zufall Ihre Hausapotheke vergessen haben, so halten Sie im Falle einer Entzündung Ausschau nach Nahrungsmitteln, die durch Milchsäuregärung konserviert wurden. Also: Sauerkraut, Salz-Dill-Gurken, Jogurt oder Quark. Milchsäurebakterien sind für den menschlichen Körper lebensnotwendig, die Darmflora und damit auch Haut und Schleimhäute, sind zum größten Teil mit ihnen besiedelt und sie bilden unseren natürlichen (Säure-) Schutzmantel (siehe auch Kapitel „Das Milieu, der Darm und unser natürlicher Säureschutzmantel").

Die Erreger einer Entzündung sind meist andere Bakterien (außer es sind Viren, gegen die man auch rein schulmedizinisch kaum etwas tun kann). Bringt man nun die uns freundlich gesonnenen Milchsäurebakterien in einen Bereich ein, in dem unsere „Feinde" sich breit machen, so können diese keinen Schaden mehr anrichten.

Dazu nimmt man beispielsweise nur einen Tropfen der trüben Flüssigkeit dieser Nahrungsmittel für das Ohr. Auch bei Stichen und Schürfwunden kann man diese Flüssigkeit darüber laufen lassen (bei Jogurt oder Quark ist es der milchige Saft, der oben und seitlich schwimmt, nicht den Jogurt oder Quark ins Ohr oder an andere entzündete Stellen bringen!). Bekannter ist der Topfenumschlag / Quarkwickel bei Wespen- und Bienenstichen, aber auch bei Gelenkschmerzen. Es hat allerdings keinen Sinn, kiloweise Jogurt zu essen, da dieser bei übermäßigem Verzehr zu noch mehr „Verschleimung" führt.

Schutzschild gegen „Erkältungen"

Meine „besondere" Teemischung unterstützt und heilt zudem die zur Verschleimung und Entzündung neigenden oberen Schleimhäute. Ich nenne die Mischung für diesen speziellen Anwendungsbereich „Winterwohl für Kinder" und habe sie bereits in Teil I (siehe Teil I, Kapitel „Würmer") ausführlich beschrieben. Sie hilft aber bei Erwachsenen und im Sommer genauso. Mit etwas Zitrone oder Limette und / oder Holunderblütensirup ist sie zudem eine wahre Köstlichkeit. Für den Fall eines Virusinfektes oder während einer Grippewelle greifen die Erwachsenen und Kinder, die bitteren Geschmack dulden, zu nebenstehendem Tee.

Teerezeptur für den „Winterfittee nach Pythorea":

• Wasserdost 25 g
• Gundelrebe 25 g
• Eisenkraut Deutsch 10 g
• Odermenning 10 g
• Goldrute 25 g
• Johanniskraut 15 g
• Ysop 15 g
• Melisse 25 g
• Meisterwurz 50 g

1 – 2 Tassen täglich.

Verletzungen

Ferrum phosphoricum D12 muss man eigentlich immer bei sich haben, denn egal, welche blutende Wunde man sich zuzieht, diese Tropfen desinfizieren und verschließen die Wunde. Bei sehr kleinen Kindern, denen man das brennende Gefühl des Alkohols ersparen möchte, verdünnt man etwa 20 Tropfen (oder 5 Globuli) in einem Glas klarem Wasser.

Je nach Verletzung gibt man zusätzlich bei sehr plötzlichen und schockierenden Ereignissen **Aconitum D30**. Bei gemeinen Verletzungen wie Brüchen oder Prellungen **Arnica D200** sofort und **Symphytum C30** (Beinwell – „sagt den Knochen, wie sie stehen sollen") für fünf Tage einmal täglich und danach während der folgenden zwei bis drei Wochen einmal wöchentlich.

Bei groben Schnittverletzungen, offenen Wunden, die genäht werden müssen und Weichteilverletzungen (z. B. Bauch) **Calendula C200**. Bei Verletzungen im Intimbereich (z. B. mit dem Schambein auf die Fahrradstange – kommt gar nicht so selten vor) zusätzlich zu **Aconitum D30** und **Arnica D200** auch **Staphisagria C30**.

Bettnässen

Rezept für die Mischung gegen Bettnässen:

- Solidago D2
- Cantharis D12
- Berberis D3
- Staphisagria D6
- Ricinus communis D6
- Guajacum D8
- Urtica dioica D6
- Veronica officinalis D3
- Argentum nitricum D12
- Lamium album D3
  aa ad 100ml

Morgens und Mittags jeweils 10 Tropfen in ein Glas Wasser.

Bettnässen – besonders im eigentlich „trockenen" Alter – ist für Eltern und Kind mehr oder weniger äußerst unangenehm. Es kann die verschiedensten Ursachen haben, mechanischer, hormoneller oder psychischer Art. Begleitend zur entsprechenden Behandlung geben Sie dem Kind nebenstehende Tropfenmischung.

Zusätzlich ist bei Bettnässen auch **Ferrum metallicum D30** einmal wöchentlich eine Gabe angezeigt.

Alchymie der Menschentwicklung

Sie fängt im Groben an
– fast tierisch, getrieben von den Trieben.

Dabei entstehen Kinder und
sie tragen beide Teile,
die des Opfers und
die des Täters.
Von den Eltern,
die aus dem Paradies gefallen sind.

Im „Paradies" war alles eins,
jeder war klar in seinem Handeln
und empfand keinen Mangel.

Keinen Mangel an Liebe,
keinen Zweifel, dass er
hier im Paradies willkommen ist.

Dann kam die Erkenntnis
und mit ihr der Zweifel
und mit dem Zweifel die Bewertung
in Gut und Schlecht.

Und mit der Bewertung kam
die Abwertung und damit Gewalt.

Der Stärkere dominierte die Schwächeren.
Doch der Schwächere fand einen anderen Weg,
um es dem Stärkeren heimzuzahlen.

Und irgendwann – als die Zustände
unerträglich wurden,
öffnete sich durch den
gewaltigen Druck das Herz
und bahnte sich den Weg
der Liebe
durch die Verehrung des Schönen,
später durch den
künstlerischen Ausdruck
in Wort, Bild, Musik und Tanz
und die reine Begattung
wurde zum Liebesspiel.

Auch daraus wuchsen Kinder,
Kinder des Lichts und der Liebe.
Nachdem der reine Lebenstrieb
zum Herz durchdrungen,
konnten sich die Augen öffnen
für das Hohe und das Edle,
welches alles durchwirkt,
was erschaffen ist.

Und alles wurde wieder eins
– nur, dass es jetzt erkannt war.

Pythorea Petra Rosival, 25.09.2012

Was ist der Mensch an sich?

Welche Aufgaben hat er (übernommen)? Warum ist er hier auf der Welt? Was ist der Sinn unseres Da-Seins?

Physikalisch betrachtet ist der Mensch ein höchst intelligentes Organisationssystem mit dem Vermögen, aus unzähligen Atomen, Molekülen, Organen und Organsystemen etwas Substantielles zu konfigurieren. Ein „Etwas", das auf dieser materiellen Basis überdies auch noch fühlen und logisch denken kann. Aber die Physik hat uns ebenso gelehrt, dass das Atom von seinen Verhältnissen her eigentlich mehr „Nichts" beinhaltet, als „Materie". Dies kann man sich vereinfacht folgendermaßen vorstellen: nehmen wir als Atomkern einen Fußball und legen ihn in die Mitte des Stadions, so umkreist ihn das erste Elektron so ungefähr auf der Aschenbahn in einer Größe von etwa einem Tischtennisball. Kein Physiker oder Chemiker konnte bisher verständlich erklären, was sich da so alles dazwischen befindet. Ist es ein Vakuum oder ein Feld oder „Gravitation-Antigravitation" oder ist es doch nur Widerstand, der diese Abstände garantiert?

Über die Natur zu staunen, ist eine gute Voraussetzung, sie irgendwann besser verstehen zu können.

Und dennoch hat dieses intelligente Organisationssystem „Mensch" auch ohne unser Wissen und Zutun eine geniale Ordnung, die wir nur nach und nach staunend entdecken können. Eine Ordnung, die ihre Wirksamkeit und Genialität präzise einhält, ohne dass wir je bewiesen hätten, warum. Genau so, wie die Gravitationsgesetze exakt funktioniert haben, bevor wir dieses Phänomen in Rechnungen übersetzen konnten.

Der Mensch hat die erstaunliche Eigenschaft, sobald er etwas „erkannt" hat, dies sofort für sich in Anspruch zu nehmen, es nach seinem Willen lenken zu wollen oder anders ausgedrückt: es sich untertan zu machen. So tief hat sich das kirchliche Denken in uns verankert. Wäre es nicht interessanter, die Möglichkeit zuzulassen, das Beobachtete weiterhin aufmerksam wahrzunehmen und eventuell auf weitere Zusammenhänge zu stoßen?

Wenn man weiterhin von den physikalischen Prämissen aus-geht, so können wir annehmen, dass der Atomkern, der ja aus Protonen und Neutronen (zusammen die Nukleonen) besteht, sich weiter aufspalten lässt in die Elementarteilchen oder „Quarks". Diese definieren die Fachleute in Farbladungen oder Lichtqualitäten von grünen, blauen und roten Quarks. Könnte man durch diese Vorstellung möglicherweise zu dem Schluss kommen, dass wir im Innersten Licht sind, wie uns die Natur-wissenschaft schon seit längerem lehrt? Dass Materie nur un-geheuer langsam fließendes Licht ist?

Die Wissenschaftsmedizin wiederum behauptet, dass unser ma-terieller Körper alle sieben Jahre seine Zellen komplett erneuert. Wie kommt es also zu unserem körperlichen Zerfall? Wo haben wir unsere Gesunderhaltung eingebüßt? Warum hat man nach dreißig Jahren immer noch die kleine Narbe über dem rechten Auge, weil man als Kind gegen die Heizung gefallen ist?

Es gibt sogar eine Hypothese von namhaften Universitätsphysi-kern, die besagt, dass wir durch eine wahre Flut von kosmischen Einstrahlungen in jedem Augenblick gänzlich „zerschossen" wer-den (im atomaren Bereich) und uns im gleichen Moment wieder vollends zusammensetzen. Und trotz der kleinen Narbe über dem Auge kann man doch einen „Industrie-Apfel" essen, ohne gleich ernsthaften gesundheitlichen Schaden zu nehmen, was mög-licherweise ein Mensch vor 300 Jahren mit einem von unseren heutigen Äpfeln nicht überlebt hätte. Dies zeigt uns doch, wie anpassungsfähig das „Leben" an sich ist, wie es trotz unserer Manipulationen dennoch seine Wege geht – dass auf noch so säu-berlich gepflasterten Wegen irgendwann, irgendwo der Löwen-zahn letztendlich doch noch aufblüht.

Aber die kleine Narbe über dem Auge könnte uns vielleicht den Hinweis darauf geben, dass, auch wenn wir uns jeden Au-genblick neu konfigurieren, wir uns doch „nur" als die Erinne-rung dessen, was wir einmal waren, wieder zusammensetzen

Bewusste und unbewusste Erinnerungen haben einen starken Einfluss auf unser Leben.

Der Mensch ist eine Mischung aus Erinnerung, Vorstellung, den Umgebungsbedingungen und seinen Gewohnheiten.

können. Gepaart mit einem Stückchen dessen, welches manifestierte Bild wir sein möchten oder wie wir uns sehen, mit einem Teil Einfluss äußerer Gegebenheiten, denen sich unser Körper unglaublich gut anpasst (z. B. Klima). Und wenn wir nun an beidem, an der Erinnerung und an dem Wunschbild, was oder wer wir sein möchten, ein wenig arbeiten, können wir zu einer dauerhaften Gesundheit und Zufriedenheit gelangen und Schöpfer unseres eigenen „Selbst" werden. Der kleine Haken dabei ist, dass uns das nur gelingen kann, wenn wir den „Status quo" von Jetzt komplett annehmen und lernen etwas verstärkt „in uns hinein zu horchen", also bereit sind, unserer Seele zu lauschen.

Sicherlich kann dieses Wissen viele dazu verleiten, einen Menschen nach den aktuellen, gerade modernen „DIN-Maßen" schustern zu wollen. Dies wären allerdings sehr oberflächliche äußere Werte, mit welchen sich bitte weiterhin die Schönheitschirurgen beschäftigen können. Denn im Außen wird sich nichts manifestieren, was nicht mit dem Inneren zusammenpasst – sonst wäre beispielsweise auch die psychologische Physiognomie (die Lehre von der körperlichen Ausdrucksform innerer charakterlicher Veranlagungen) völlig hinfällig.

Paar-Sein – Eltern-Sein

Beim Groß-werden-lassen eines Kindes lege ich besonderes Gewicht auf die Stärkung der Mütter, da diese de facto (außer vereinzelten Ausnahmen, die Gott sei Dank im Trend zunehmen sind) meist alleinerziehend sind. Und dies unabhängig davon, ob sie offiziell einen Kindsvater / Partner an ihrer Seite haben oder nicht. In gleichem Maße halte ich es für wichtig, die Vaterrolle, wenn sie vielleicht im Alltag nicht so präsent sein mag, zu stärken und ernst zu nehmen. Jedes Kind hat ein Recht auf seine leiblichen Eltern! Die Abwesenheit eines Vaters / der leiblichen Eltern hat einen immensen Einfluss auf die Prägung des Kindes.

Springen Sie notfalls über Ihr eigenes Ego

Wenn es in der Partnerschaft nicht ganz reibungslos läuft und die gemeinsame Lebensplanung irgendwann aufgehoben wird (das geht heutzutage meist schneller, als man das Wort „Paartherapie" sagen kann), so sind und bleiben dennoch beide Teile immer die Eltern. Diese Elternrolle zu leben, gerade wenn zu viele vorangegangene Verletzungen ein normales Gespräch verhindern, ist nicht einfach. Aber für eine gesunde Psyche der Kinder ist es ungeheuer wichtig, die Beziehung möglichst schnell aufzuarbeiten und über sein eigenes Ego zu springen (von der Paar-Ebene zur Eltern-Ebene zu gelangen), um im anderen Eltern-Teil den Vater beziehungsweise die Mutter zu akzeptieren und diesen Teil möglichst respektvoll zu behandeln. Die Zauberformel lautet hier: die individuelle Sichtweise ändern und in einen größeren Zusammenhang bringen.

Wenn Sie Ihrem Kind gegenüber den anderen Elternteil durch Blicke, Kommentare oder negative Emotionen abwerten, wird das im Kind unweigerlich zu inneren Konflikten führen. Sehr hilfreich ist es – als ersten Schritt – sämtliche Erwartungen an den Partner freundlich zu verabschieden und sich in jeder Hinsicht auf die „eigenen Füße" zu stellen. Denn Erwartungen führen oft zu Enttäuschungen (dem Ende einer Täuschung).

Alle getrennten Eltern müssen sich selbst die unumgängliche Frage stellen, was ihnen wichtiger ist: Das Glück ihres Kindes oder der Beweis, dass der Expartner schlecht ist.

Was völlig kontraproduktiv ist, sind Schuldzuweisungen. Denn solange jemand einem anderen Menschen etwas „schuldig" ist, sind diese zwei Menschen unlöslich miteinander verbunden. (Versuchen Sie einmal, sich von einer Bank zu lösen, der Sie noch Geld schulden!)

Bei schweren bis zu vordergründig unlösbaren Konflikten und / oder eingefleischten negativen Verhaltensmustern des Partners, werden Sie mit Reden kaum etwas erreichen. Hier haben Sie nur eine Chance, etwas zu beeinflussen: Ändern Sie Ihr eigenes Verhalten und machen Sie sich frei vom Bewerten des

Partners und von Ihren eigenen sich-selbst-erfüllenden Prophezeiungen. Ich spreche hier von inneren Prozessen, nicht von äußeren gesetzlichen Rahmenbedingungen. Letztere vermag glücklicherweise der Staat oder das Jugendamt inzwischen recht gut zu lösen.

Bei Kindern mit dramatischen Lebensläufen kann die homöopathische Begleitung der Psychotherapie unglaubliche Erleichterung bringen.

Ist eine komplette Kontaktunterbrechung notwendig, z. B. im Fall von Missbrauch, so ist die Trennung gut und notwendig und eine (therapeutische) Verarbeitung wichtig. Für das Kind wird die Verarbeitung einfacher, wenn es mit Menschen beisammen sein kann, die es ernst nehmen, aber seine erlebten Situationen nicht dramatisieren.

Der „verlorene" Zwilling

Einige Erkenntnisse aus dem systemischen Familienstellen erhellen ein paar interessante Wesenszüge und innere Befindlichkeiten von Kindern, aber auch von Erwachsenen. Ein sehr subtiles, aber wichtiges und nachhaltig wirkendes Phänomen ist die häufige Existenz von Zwillingsseelen.

Auch wenn sich das in unserer „Faktenwelt" möglicherweise oder sehr wahrscheinlich völlig irre anhört, bleibe ich dabei. Ich sehe es immer wieder, dass es die Menschen, mit denen ich diese Arbeit mache, im Innersten berührt und sogar tief sitzende Trauer auslösen und auflösen kann.

Diejenigen, die es betrifft, können genau nachvollziehen, was ich hier meine. Und die, die es nicht betrifft, bitte ich, sehr tolerant darüber hinwegzulesen.

Sie müssen sich das Phänomen der Existenz von Zwillingsseelen folgendermaßen vorstellen: Bei der Befruchtung „rutscht" nicht nur eine Seele in den Schoß der Frau, sondern zwei, und manchmal auch drei, die karmisch auf unterschiedlichen Existenzebenen miteinander verbunden sind. Gehört man zu den

Menschen, die an die Reinkarnation glauben, kann man sich vorstellen, dass diese Seelen durch heftige karmische Ereignisse den Verbindungsknoten extrem festgezurrt haben. Diese können sein: Mord, Lebensrettung, gemeinsamer Tod, extreme Anhaftung (Liebe) oder extreme Ablehnung (Hass).

Haben beide Seelen noch einen gemeinsamen Weg vor sich, also noch „gemeinsam etwas zu erledigen", so kommen Sie als Zwillinge auf die Welt. Sind auf körperlicher Ebene Toxoplasmen oder andere Erreger im Spiel, oder aber die Seelen lösen sich beinahe ineinander auf, kann es zu siamesischen Zwillingen führen. Auf höheren Ebenen manifestiert sich dieses Phänomen nicht mehr körperlich. In der Praxis bemerken wir es dann lediglich noch im emotionalen, noch höher im mentalen, beziehungsweise am höchsten im astralen Bereich.

Anzeichen für einen „verlorenen Zwilling" ist beispielsweise eine Blutung während der Schwangerschaft oder diesen seltsamen Zysten, in welchen man Anlagen von Zähnen oder Haaren findet. Diese Anlagen finden sich häufig am Steißbein, am Ohr oder in der Galle.

Das Vorhandensein einer Zwillingsseele kann sich durch eine bestimmte emotionale Grundhaltung mit verschiedenen Anzeichen manifestieren: Das Baby fordert ständigen Körperkontakt, kann schlecht alleine schlafen und braucht ständig einen Schnuller oder ein Kuscheltier beziehungsweise immer etwas in der Hand – das passende homöopathische Mittel ist hier meist **Calcium carbonicum**. Später sind die Kinder entweder sehr verträumt und mit einem Teil ihrer Aufmerksamkeit in scheinbaren „Anderswelten" oder sie werden „hyperaktiv" und man hat das Gefühl, dass sie alles „für zwei" machen.

Im subjektiven Inneren ist es ein Gefühl von nicht zu erfüllender Sehnsucht, was diese Menschen im Erwachsenenalter sehr oft zu negativem Suchtverhalten führt (nicht nur substanzbezogene Süchte wie das Rauchen, sondern auch prozessorientierte Süchte wie z. B. unaufhörlich Liebesromane lesen). Diese unstillbare Sehnsucht kann auch den Platz des Partners blockieren, was sich in kurzen, wechselnden Partnerschaften manifestieren kann. Denn ganz egal, was diese Menschen unternehmen, die Sehnsucht bleibt latent ein Begleiter. Sie fühlen sich oft einsam und stehen selten fest im Leben.

Das Leben scheint manchmal völlig paradox zu sein, indem es gegensätzliche Qualitäten gleichzeitig stattfinden lässt.

Die gegenteilige Auswirkung ist ein Gefühl der Omnipotenz, das sich übermäßige Aufpusten der Persönlichkeit, was auf das Gegenüber wirkt, als überrolle ihn eine Flutwelle. Ich nehme an, solche Menschen müssen sich permanent in diesem Zustand spüren, um diese innere tiefe Sehnsucht nicht schmerzvoll fühlen zu müssen. Verstärkt wird dieses Phänomen, wenn sich zudem die Geschwisterfolge verschoben hat. Beispielsweise weil durch eben diese Zwillingsthematik, durch Fehlgeburten oder auch die Spirale, die „gelandete" Seele eine andere (Geschwister-) Position bezieht als die tatsächliche zugedachte.

Ich erläutere dies an einem Beispiel: Eine Frau erlebt einen Abgang. Danach kommt ein Kind auf die Welt, das noch einen Zwilling auf der „älteren" Position hat. So bekommt dieses Kind nun die gesamte Last und Thematik eines Erstgeborenen, ohne aber wirklich die Kraft dafür zu haben, da es auf subtiler Ebene die Nummer „drei" in der Reihenfolge ist. Möglich, dass es dadurch ein Leben lang unter permanentem Druck steht. Bekommt dieses Kind beispielsweise später Zwillinge als Geschwister, so wird es wahrscheinlich mit dem Älteren der Zwillinge kein Problem haben. Umso mehr dafür aber mit dem Jüngeren, da dieser der dritte Lebende ist, auf subtiler Ebene aber die fünfte Position beziehen müsste. Also bekommt die lebende dritte Position einen Konflikt mit der subtilen dritten Position, bis dies irgendwann einmal therapeutisch bewusst gemacht wird.

In der Praxis sieht die Arbeit so aus, dass ich – ähnlich wie beim Familienstellen – den Patienten jeweils auf die unterschiedlichen

Positionen stelle. Dabei stellt er sich die betreffende Position vor bzw. konzentriert sich darauf. Dann beobachte ich gemeinsam mit dem Patienten, auf welcher Position er aufhört, gefühlt zu „schwanken". Sobald sein Stand mehr oder weniger gut und stabil ist, es ihn aber vielleicht noch zu einer Seite zieht, kann er stellvertretend für die Zwillingsseele einen Gegenstand in die Hand nehmen, bis er vollends fest stehen kann. Rechts steht für eine vorangegangene und links für eine nachfolgende Seele. Und im späteren Leben sind das die Partner-Positionen. Steht der Zwilling beispielsweise bei einer Frau rechts, so kann dies zur Folge haben, dass sie keinen Partner findet oder diesen nie wirklich spürt. Beim Mann wäre es die linke Seite, die einer Partnerschaft im Wege steht, sofern sie von einer solchen Energie blockiert ist. Man kann sich nach dieser Erkenntnis ein Ritual nach Belieben ausdenken, um diese Seele zu verabschieden und seine „richtige" Position einzunehmen.

> Die therapeutische Zwillingsarbeit richtet sich nach erdachten Regeln, um sie greifbar zu machen und ändern zu können.

„Schwanger werden" = mehr als nur Sperma + Eizelle

Beim Thema „schwanger werden" (oder nicht werden) zeigt sich heute leider all zu häufig eine völlig denaturierte Einstellung zum Lebensprinzip und der Lebensentstehung an sich. Diejenigen Frauen, die fruchtbar wären, werden mit der Bürde der „Unvernünftigkeit" belastet, weil sie noch keinen Beruf, keinen Mann oder keine sonstigen Sicherheiten haben und werden so künstlich mit der Pille unfruchtbar gehalten. Auf der anderen Seite gibt es die de facto „unfruchtbaren" Frauen, die nur zu gerne Kinder hätten und deshalb alles – und damit meine ich alles! – auf sich nehmen würden, um endlich zu der heiß ersehnten Schwangerschaft zu kommen.

Erschwerend kommt die Tatsache hinzu, dass man heute einen Grund benötigt, um ein Kind zu bekommen. „Warum haben Sie denn dann Kinder bekommen?", fragte mich ein Erzieher der

Ganztagsschule meines Sohnes, als ich ihm erklärt hatte, dass ich nicht der Entertainer und Nachhilfelehrer meiner Kinder sei. Meine Antwort war so spontan wie einfach: „Weil ich schwanger war!".

Schließlich werden Kinder heute wie ein Luxusgut ge- und behandelt, welches jedoch nicht im Warenhaus reklamiert werden kann, wenn es nicht so funktioniert, wie man sich das eigentlich vorgestellt hatte.

Dies alles macht die Familienplanung heutzutage zu einem etwas komplexen Thema. Das ist meines Erachtens ein Problem, welches die Gesellschaft lösen sollte. Schon allein deshalb, dass die Kinder nicht reihenweise unter Drogen (Ritalin) gestellt werden müssen, um in ein ohnehin nicht zeitgemäßes Schulsystem „zu passen".

Unsere Schulsysteme hinken der Gehirnforschung um fast 100 Jahre hinterher.

Vielleicht schaffen wir es durch den Druck der großen Masse an Kindern, die augenscheinlich nicht an das heutige System anpassungsfähig sind, unser Schulsystem dynamischer, sozial kompetenter, kindgerechter und damit (auch für das Lernen) effektiver aufzubauen. (Ein Beispiel von vielen: Projektunterricht statt Frontalunterricht.) Die Anfänge sind ja bereits zu beobachten.

Jedoch würde auch dies leichter mit gesunden Kindern und vor allem gesunden Erwachsenen zu bewerkstelligen sein. Damit meine ich ganzheitlich gesund. Die körperliche, emotionale und geistige Gesundheit für alle ist in unserem Bewusstsein vielleicht (noch) eine ungewohnte Vorstellung, aber doch höchst erstrebenswert und gewiss nicht völlig utopisch.

Wir dürfen beim Thema „schwanger werden" nicht vergessen, dass der neue Erdenbürger mit seiner individuellen „Zeugungsenergie" einen großen Teil seines Potentials auf dieser Erde definiert. Damit will ich sagen: die Intensität des Zeugungsaktes bestimmt weitgehend eine gewisse „Kraft oder Schwäche" im Leben. Die chinesische Medizin benennt diese Kraft (wie bereits erwähnt) Nieren-Chi. Diese vorgeburtliche, mitgebrachte Lebensenergie sollte man nach Kräften stärken, ohne sie zu verbrennen.

Letztendlich gehört zum „schwanger werden" mehr als nur Eizelle und Sperma. Sondern auch die Seele. Und zwar genau die, die diesen Körper beziehungsweise diese Eltern gewählt hat. Entscheidend ist weiterhin der richtige Zeitpunkt (wobei hier „richtig" aus der seelischen Sicht und nicht so sehr aus unserem eingeschränkten menschlichen Denken gemeint ist) und die Kunst, den Partner zu animieren im wörtlichen Sinn, nämlich ihn seelisch zu berühren und bestenfalls auch noch zu inspirieren, also auf geistiger Ebene etwas Neues entstehen lassen zu können.

Vielleicht ist auch die Empfängnis erst möglich durch ein nicht zu definierendes Licht, welches die Frau ausstrahlt. Und immer mehr muss dieses „Licht" auch zum Licht des Mannes passen, denn die heutigen Seelen, die hier auf die Erde inkarnieren wollen, suchen zumindest in unseren Breitengraden wenig Turbulenzen und viel LEBEN, also Erdkraft und Erdverbundenheit.

Ein Übermaß an kaltem Intellekt ist meistens kontraproduktiv für einen Zeugungswunsch.

Probleme in der Partnerschaft & Kinderwunsch oder: Unterschiedliche Wertesysteme & gleiche Motivation

Ich habe schon Frauen zu einem Kind verholfen, bei denen ich von Anfang an das Gefühl hatte, die Partnerschaft sei nicht die „richtige". In diesen Fällen wirkt ein Kind wie ein Katalysator, welcher die Prozesse beschleunigt. Das heißt: entweder sind nun beide Partner bereit zu wachsen und sich in eine Richtung zu bewegen oder die Partnerschaft wird aufgelöst. Für mein Empfinden ist es problematisch, wenn ein Elternteil ganz zur

Meine Vision ist, dass bei jeder Operation zeitgleich ganz selbstverständlich Arnica D200 verabreicht wird.

Naturheilkunde tendiert (meist ist das die Frau) und der andere diese Seite völlig abwertet, beziehungsweise nur die konventionelle Schulmedizin akzeptiert. Das Problem sehe ich hier weniger in der Entscheidung, die eine oder die andere Methode anzuwenden – denn wenn sich ihr Kind beispielsweise das Bein bricht, ist es sinnvoll, es in ein (schulmedizinisches) Krankenhaus zu bringen und zusätzlich **Arnica D200** und **Symphytum C30** Globuli zu verabreichen.

Die große Schwierigkeit, die ich hier in Bezug auf die Paarbeziehung sehe, ist eher die Problematik, dass ein Partner einen wichtigen Lebensbereich des anderen abwertet, nicht ernst nimmt oder gar belächelt – und somit seinen Partner „klein" macht. Solange man „nur" ein Paar ist, mag dies vielleicht zu ignorieren beziehungsweise zu tolerieren sein, aber sobald es um das Wohl des gemeinsamen Kindes geht, entstehen große und manchmal unüberwindbare Differenzen. Beide Elternteile haben Angst um ihren Schützling, handeln also aus der gleichen emotionalen Motivation heraus, haben aber aus den jeweils anderen Wertesystemen völlig unterschiedliche Lösungsansätze. Und diese Differenzen werden solange nicht überbrückbar sein, bis sich das Elternpaar gedanklich auf eine höhere Ebene begibt (weg vom eigenen Ego, hin zum gemeinsamen „Projekt") und sich die gleiche Motivation in Bezug auf die unterschiedlichen Vorstellungen der Lösung bewusst macht.

Die moderne Reproduktionsmedizin

Unsere Körper sind keine 100%tig berechenbaren Präzisionsmaschinen.

Die Empfängnis als Nullpunkt der materiellen (Weiter-)Entwicklung einer Seele wird in unserem gesellschaftlich geprägten Denken so nicht gesehen. Zu sehr haben wir uns dahin entwickelt, menschliches Sein im Körper nahezu maschinell wahrzunehmen nach dem Motto: Eizelle + Spermium = Kind. Das Leben selbst beweist uns, dass diese Rechnung zwar manchmal, aber auch nicht öfter als der Zufall, aufgeht. Interessant in dem Zusammenhang ist, dass die

Reproduktionsmedizin zu größten Teilen in männlichen Händen liegt. Ich persönlich spreche es den Männern ab, nachvollziehen zu können, was in einer Frau vorgeht, wenn sie hormonellen Schwankungen unterliegt oder ein Kind oder gar mehrere verliert (was bei künstlichen Befruchtungen leider sehr häufig der Fall ist). Vielen Frauen ist allein schon dadurch geholfen, dass man ihre emotionale Lage versteht, mit ihnen bespricht und ihren Selbstwert als Frau stärkt. Auch (und besonders) dann, wenn sie nicht Mutter werden sollten. Oft ist allein die Tatsache, dass man sich in dieser klinischen Situation ihrer annimmt und sie nicht als Patientin sondern als Mensch behandelt, das Heilsamste. Deshalb werden auch Kliniken, die die Frauen (und natürlich auch die Männer und Kinder) menschlich und respektvoll behandeln, in Zukunft immer mehr gefragt sein. Und die Idee, dass man die Frau als weibliches Reproduktions-Tier betrachtet, wird hoffentlich von dieser Welt verschwinden, je weniger Frauen bereit sind, so etwas mit sich und ihren Nachkommen machen zu lassen, wie nach dem Motto: „So, wir setzen Ihnen jetzt vier befruchtete Eizellen ein. Und falls alle überleben, können wir drei davon abtreiben. Eines behalten Sie und Sie können sich sogar das Geschlecht aussuchen!"

Kinder empfangen sollte nicht auf einen technischen Vorgang reduziert werden.

Vom richtigen Zeitpunkt

Eine für die Zeugung bedenkliche Entwicklung der letzten Jahrzehnte ist auch die starke Schere zwischen rein biologischer Fruchtbarkeit und der Bereitschaft, ein Kind zu bekommen. Die Tendenz ist, dass auf der einen Seite die Frauen, die sich im besten gebärfreudigen Alter befinden (rein biologisch vom 16. bis zum 30. Lebensjahr), mit Ausbildung, Studium, materiellem „Fußfassen" oder der Selbstverwirklichung vollauf beschäftigt sind. Oder sie müssen von vornherein damit rechnen, auf Grund der heutigen Art von Beziehungen und den sich ändernden sozialen Strukturen ein Kind auch alleine aufziehen zu müssen.

Mutterschaft und Erziehungsarbeit wird in unserer Gesellschaft nach wie vor zu wenig honoriert, obwohl die heutigen Kinder unsere Zukunft von morgen sind und die Verantwortung dementsprechend hoch ist.

Auf der anderen Seite haben wir die an Lebenserfahrung etwas reiferen Frauen, die meist auch sozial „ihren Stand" gefunden haben, für die aber eine Schwangerschaft aus medizinischer Sicht bezüglich ihres biologischen Alters bereits ein Risiko darstellt.

Der Kinderwunsch ist häufig ein sehr zuverlässiges Verhütungsmittel.

Die Damen auf dieser anderen Seite haben oft die Vorstellung, dass nun endlich unbedingt und am besten sofort ein Kind in die Lebensplanung gehört und daher ganz energisch darauf hingearbeitet wird, sich aber eine Schwangerschaft schlicht und einfach nicht einstellen möchte. Es ist nun mal Fakt, dass die hormonelle Lage mit 18 Jahren eine andere ist als mit 43. Doch der weibliche Hormonhaushalt schlägt zuweilen Kapriolen. So ist es hinreichend bekannt, dass nach längerer sexueller Abstinenz (z. B. in Zeiten des Krieges, wenn der Partner lange an der Front war oder wenn der Partner im subjektiven Empfinden der Partnerin sexuell ganz besonders attraktiv ist), „die Eier springen", wie sie wollen.

Schließlich spielt die regelmäßige Einnahme von Antikonzeptiva sogar noch weit nach der „Pillenpause" eine nicht zu unterschätzende Rolle. Wenn man täglich eine Tablette (egal welchen Inhalts) mit dem Gedankenmuster „unfruchtbar" zu sich nimmt, hat dies über Jahre praktiziert einen extrem starken Einfluss darauf, dass dieses Muster auch ohne Pille weiter funktioniert (ähnlich einer Konditionierung). Um diese Blockade homöopathisch zu lösen, empfehle ich **Östro- / Gesta comp.** D6, 2 x 1 Tabletten und **Platin D30** 1 x 5 Globuli täglich einzunehmen.

Falls zusätzlich der Druck von Seiten der Familienkonstellation hinderlich sein sollte, so kann man durch systemisches Familienstellen oder ähnlich geeignete Therapien das „Familien-Feld" freundlich stimmen. So sehr ein Paar über einige Familienthemen hinwegsehen kann, so wenig kann man als Eltern ignorieren, dass mit dem gemeinsamen Kind zwei „Familiensysteme" aufeinandertreffen.

Sollte nun endlich die Zeugungsenergie ausgereicht haben und es ist zur Befruchtung gekommen (oder: wenn eine Seele inkarnieren will und zu diesem Zweck aus dem energetischen Strudel zweier kopulierender Körper in die Geborgenheit einer Gebärmutter schlüpft, um sich dann die Eizelle und das Spermium heranzuziehen, um mit seiner materiellen Ausformung zu beginnen), ist die Frau endlich schwanger. Es gibt Frauen, die den Eintritt der Seele sehr genau wahrnehmen. Manchmal findet der Eintritt auch außerhalb des Geschlechtsaktes, im Schlaf oder einem anderen meditativen Zustand oder auch beim Autofahren statt. Weiß die Mutter genau, wann das geschehen ist, so dauert es von diesem Zeitpunkt an noch genau 38 vollendete 7-Tage-Wochen und dann – wenn alles gesund ist – geht es los mit der Geburt.

Doch halt, bevor es richtig losgeht, erlauben Sie mir noch drei Anmerkungen zum (Er)leben in der Schwangerschaft.

Früheste Prägung und die Themen der „Mini-Seele"

Die emotionale Grundhaltung der Eltern während dieser hoffnungsfrohen Zeit ist bereits tief prägend für das neue Leben. Spätestens seit Bruce Liptons Erkenntnissen in der Zellbiologie, dass die Wirkung des Umfeldes unsere Gene bestimmt, ist es noch leichter nachzuvollziehen wie stark eine bewusste oder unbewusste Elternschaft und der Einfluß auf das Ungeborene wirken und wir Eltern die „Gendoktoren" unserer Kinder sind. Das energetische System der Mutter wird praktisch vom Kind kopiert, daher kann die statische Haltung (der Wirbelsäule, Muskeltonus etc.) kommen, die sich nach dem energetischen Zustand formt. (Hier empfehle ich oft und gern die Chakra-Lounge-Meditation, andere Meditationen oder Schwangerschaftsyoga u. ä. zur Gesunderhaltung und als subtil-nachhaltigen Ausgleich.)

Siehe auch Kapitel „Schwanger sein".

Anderseits können Sie anhand dessen, was Ihnen in der Schwangerschaft widerfährt beziehungsweise wie Sie als Mutter „drauf" sind bereits erahnen, welche Themen und Eigenheiten diese „Mini-Seele" mitgebracht hat.

Meine persönliche Hypothese ist, dass selbst die sexuellen Empfindungen übertragen werden. Wenn eine Frau während ihrer Schwangerschaft niemals einen Orgasmus im Zusammensein mit ihrem Partner erfährt, so wird die junge Frau anfänglich auch Schwierigkeiten mit dem sexuellen „Finale" haben und der junge Mann, seine Partnerin dorthin zu führen.

Vom richtigen Geburtsort

Eine wichtige Überlegung für die werdenden Eltern ist die Frage nach dem richtigen Ort für die Geburt. Meine Lieblingsvariante wäre die Holländische. Hier werden die Kinder bevorzugt zu Hause geboren, mit Hilfe der Hebamme des Vertrauens und einem bereitstehenden Krankenwagen vor der Tür.

Dies ist bei uns in Deutschland so nicht üblich und auch die Rettungsdienstleistenden transportieren nur unwillig Gebärende. Daher ist es wichtig, dass man sich nur dann für eine Hausgeburt entscheidet, wenn sich die werdende Mutter ganz sicher ist (wissen kann man es nie, aber die innere emotionale Sicherheit ist notwendig!), dass alles in Ordnung geht. Damit meine ich, dass ihr Körpergefühl und ihre Instinkte so weit entwickelt sind, dass sie bereits bei der leisesten Ahnung (nicht Einbildung!) einer Komplikation sofort umdisponieren und in die Klinik fahren kann. Bei den geringsten Zweifeln – an sich selbst, Ängsten bezüglich der Geburt oder mangelnder Unterstützung des Partners oder der restlichen Familie – ist ein Geburtshaus eine gute Alternative. Alle Häuser, in denen eine natürliche Geburt gefördert und homöopathische Mittel zumindest toleriert werden, können hierfür in Betracht gezogen werden.

Bezüglich Krankenhäusern erkundigen Sie sich nach der Durchschnittsrate für Kaiserschnittgeburten und Dammschnitte und entscheiden Sie sich dann für das Haus mit der geringsten Rate.

Die Geburt als Stempel für das individuelle Lebensmuster

Um eine „gute" Geburt zu erleben, ist es hilfreich, sich zuvor bereits mit der eigenen Geburt, soweit noch möglich, auseinander gesetzt zu haben. Auch die Geburt des Kindsvaters spielt hier eine signifikante Rolle. Dieses Erlebnis liegt so tief verankert in einer unbewussten, aber nachhaltig heftigen Erfahrung, dass es systemisch betrachtet aus einem Wiederholungszwang heraus bei den eigenen Nachfahren wieder inszeniert wird. Die Geburt ist deshalb so wichtig und entscheidend, da sie das gesamte Lebensmuster vorzeichnet. Denn das körperliche, emotionale und geistige Geschehen rund um die eigene Geburt ist immer wieder als Thema im eigenen Lebensplan wiederzufinden.

Ein Beispiel: War die Geburt eines Sohnes für die Mutter sehr schmerzhaft bis traumatisch, so wird er als Erwachsener wahrscheinlich einer der Männer, die den Frauen alles recht machen wollen und ihnen gegenüber leicht Schuldgefühle entwickeln.

Wenn wir über dieses Phänomen nachdenken, dürfen wir nicht vergessen, dass unserem dualistischen Dasein extreme Gegenpole meist im Kern zum gleichen Thema gehören. Also in dem beschriebenen Fall wäre die gegenteilige Entwicklung, dass der Mann nur einen geringen bis gar keinen Bezug / Verständnis / Gefühl gegenüber den Frauen hätte.

Viele Variablen des Lebens und der innere Entscheidungsprozess beeinflussen, ob und welche extreme Position zu einem Thema eingenommen wird.

Die Rolle des Vaters bei der Geburt

Während die Mutter irgendwann völlig in die Ekstase der Geburt eintaucht und sich phasenweise komplett darin verliert, ist es die Aufgabe des Vaters, den „Raum zu halten". Das bedeutet, dass der Vater die entsprechenden Informationen ins Umfeld setzt, dass sein Kind in einem geschützten und sicheren Rahmen auf die Welt kommen kann. Auch ist er für die wichtigen ersten mentalen Prägungen verantwortlich, die der neue Erdenbürger erhält, sobald er das Licht der Welt erblickt. Diese können etwa folgendermaßen lauten: „Du bist wunderschön! Du bist genau richtig, so wie du bist! Du bist ein geliebtes Kind des Universums! Dein Glückspotential ist unendlich! Du bist ein gesundes Prachtstück!" Es ist das ganz bewusst gewählte, individuelle Programm für diesen neuen Erdenmenschen und es ist prägend für den Start ins Leben und seinen gesamten Lebensweg. Ein solches Programm macht ihm das Leben sicher einfacher als etwa der erste Gedanke eines Vaters, der (leider!) auch sein könnte: „Oh nein, schon wieder ein Mädchen!" Eine solche negative Programmierung hat zur Folge, dass diese Frauen später zwar extrem erfolgreich im Beruf sind, weil sie dem Vater permanent unbewusst beweisen wollen, dass sie die besseren Männer sind. Privat jedoch kommt es in Bezug auf ihre Männer oft zu Schwierigkeiten, denn sie versäumen es häufig, bewusst ihre Weiblichkeit anzunehmen und zu leben.

> Die Eltern können entscheiden, ob sie ihr Kind bewusst mit Gedanken „imprägnieren" oder ihren unbewussten Gedankenmustern aussetzen.

Soll nun der Mann bei der Geburt dabei sein oder nicht? Es macht Sinn, diesen Aspekt in einem entspannten temporären Abstand zum bevorstehenden Ereignis auszudiskutieren. Wie sieht es damit in unserer heutigen Gesellschaft aus? Der Trend geht allgemein hin zum „teilnehmenden" Vater. Doch manchen Männern ist das Geburtserlebnis schlichtweg zu „heftig". Und den meisten Frauen ist es ab einem gewissen Zeitpunkt der Geburt ohnehin relativ egal, ob der Partner dabei ist oder nicht. Hier gibt es das übliche Pro und Contra. Medizinisch geschulte Männer haben meistens weniger Probleme, dabei zu sein. Daher empfehle ich Ihnen, bereits im Vorfeld sehr ausführlich darüber zu sprechen und sich zu einigen, ohne sich von dem momentanen gesellschaftlichen Trend beeinflussen zu lassen. Bedenken Sie: Das Wichtigste ist und bleibt, dass der Mann mit seiner Konzentration dabei ist, ob er nun im Raum ist oder „auf dem Mond".

> Die Geburt ist das intensivste weibliche „Initiationsritual", welches geschehen kann.

Sein Kind jedoch möglichst bald nach der Geburt „aufnehmen"
zu können ist für die Prägung von Vater und Kind von höchster Bedeutung.

Das Glück einer „guten Hebamme"

Haben Sie sich für eine Hausgeburt entschieden, brauchen Sie
eine Hebamme, der Sie zu 150 Prozent vertrauen. Ich persönlich
wollte bereits mein erstes Kind zu Hause bekommen. Leider war
die damalige Hebamme meines Vertrauens just an diesem Tag
verreist, und Ihre Vertretung hat mich regelrecht „sitzen gelassen". Der Grund: ich war (wie sie mir später sagte) am Telefon
noch „so ruhig", dass sie keinerlei Notwendigkeit sah, sich auf
den Weg zu mir zu machen. Nachdem mich meine Mutter dann
beherzt ins Auto gepackt und in die Klinik gefahren hatte, dauerte es nur noch eine Stunde und vier Presswehen, bis meine
Tochter auf der Welt war. Dazu muss ich sagen, dass ich extremes Glück mit der diensthabenden Klinikhebamme hatte, deren Einstellung exakt auf meiner Wellenlänge lag. Bereits zwei
Stunden später bin ich (nach Begutachtung der Blutung und
des Gesamtbefindens von Mutter und Kind) wieder nach Hause
gefahren. Der Kommentar meiner Mutter am nächsten Tag gegenüber der Hebamme, die auf Grund meiner Ruhe am Telefon
keinen akuten Handlungsbedarf ihrerseits gesehen hatte, war:
„Sie war bei der Geburt immer noch ruhig!" Bei meinem zweiten Kind habe ich glücklicherweise eine Hebamme gefunden,
zu der sich während der Schwangerschaft sukzessive ein wunderbares (gegenseitiges) 150-prozentiges Vertrauensverhältnis
aufgebaut hat. Im Gespräch mit ihr konnte ich auch meine Erfahrung und Enttäuschung bezüglich meiner ersten verhinderten Hausgeburt verarbeiten. Sie fühlte sich ihrerseits bei uns im
Hause wohl und meinerseits wusste ich mich bei ihr in sichersten Händen. Falls Sie das Glück haben, einer solchen Hebamme
zu begegnen, können Sie sich (im wahrsten Sinn des Wortes)
beruhigt fallen lassen und noch vor der Geburt alles (und damit meine ich alles!) mit ihr besprechen, was Ihnen wichtig ist.

Eine gute Hebamme ist bei der Geburt unersätzlich.

Von enormer Bedeutung war und ist (mir) beispielsweise ein unversehrter Damm. Sprechen Sie mit der Hebamme Ihres Vertrauens unbedingt bereits im Vorfeld über den sogenannten Dammschutz. Beispielsweise kann man dazu hervorragend Kompressen (oder einen Waschlappen) mit starkem Kaffee anwenden. Während meiner zweiten Geburt hat die Hebamme die Geburtswege mit einem ganz gewöhnlichen Speiseöl eingerieben, was dem Kind das Durchrutschen ganz enorm erleichtert hat. Wegen der Hygiene braucht man sich hierbei keine Gedanken zu machen, im Öl findet man keine krankheitserregenden Keime.

Kaffeekompressen stärken das Gewebe.

Stimmen die Voraussetzungen und die Grundeinstellung, ist im Prinzip alles möglich. In meinem Fall bedeutete dies damals: im eigenen (geborgenen) Zuhause, mit Unterstützung der Homöopathie und einer guten Hebamme, reichlich Öl, warmem Kaffee (mit Satz aufgegossen, wirkt auch desinfizierend) und einer positiven Einstellung habe ich es geschafft, in nur knapp 35 Minuten einen Jungen mit neun Pfund auf die Welt zu bringen, ohne dass meine Weichteile gerissen wären. Und das trotz aller schwarzmalerischer Vorhersagen, ich wäre zu dünn und zu durchtrainiert zum Kinderkriegen.

Ausmessen statt Aushalten?

Statt zu Schwarzmalern gibt es in der offiziellen Medizin neuerdings die Möglichkeit, den Kopf des Kindes sowie das Becken der Frau zu vermessen, um eine Aussage bezüglich der Durchgängigkeit des kindlichen Kopfes durch das mütterliche Becken zu treffen. Das gibt mir sehr zu denken, denn das Bindegewebe der Frau sollte doch schon von Natur aus so konstruiert sein, dass der Fortbestand des Lebens gewährleistet ist. Unser körperliches Gewebe, besonders in der Schwangerschaft, ist so weich, dass sich alles anpassen kann. Auch der Kopf des Kindes ist an den Schädelnähten noch nicht fest zusammengewachsen und daher formbar. Dies hat Mutter Natur so eingerichtet, damit er das mütterliche Becken passieren kann. Selbst wenn in der Vergangenheit viele Frauen bei den Geburten gestorben sind, so doch selten an einem „zu großen" Kindskopf, als vielmehr durch das „Steckenbleiben" des Kopfes bei einem zu schwachen Tonus im Unterleib, zu starrem Bindegewebe, bei übermäßig starker Blutung oder einer schweren Infektion. Das Ausmessen macht möglicherweise Sinn, wenn sich verschiedene ethnische Gruppen oder konstitutionell sehr verschiedene Typen vereinen, also wenn beispielsweise eine 1,50 m zierliche Frau von einem 1,95 m kräftigen Mann schwanger wird.

Die hier angeführten Möglichkeiten, Tipps und Ratschläge haben keinerlei Anspruch auf Vollständigkeit – ganz im Gegenteil. Jedoch sind sie ein probates Handwerkzeug, das ich Ihnen nur zu gerne an die Hand geben möchte, um sowohl Blut und Bindegewebe als auch Ihre Kraft und Widerstandsfähigkeit zu unterstützen. Damit Sie sich voll und ganz auf das „Leben geben" konzentrieren können und damit die Geburt für Sie ein wunderschönes ekstatisches „Initiationsritual" zum Eintritt in die weiblichen Anderswelten werden kann.

Sichtweisen zur Impfung

Mein erster Rat an Sie als werdende Eltern: Suchen Sie sich bereits während der Schwangerschaft einen Allgemein- oder Kinderarzt Ihres Vertrauens, der die Impfentscheidung Ihnen als Eltern überlässt – ohne Druck und Angst zu machen. Natürlich wäre es aus meiner Sicht optimal, einen Arzt zu finden, der nach sorgfältigem persönlichem Verarbeiten dieses Themas zu dem ethisch, moralisch und medizinisch einzig richtigen Schluss gekommen ist, keinem Wesen eine Impfung zuzumuten.

(Wobei ein Arzt diese Haltung nicht öffentlich oder vor seinen Patienten vertreten darf, da er gesetzliche Auflagen zu erfüllen hat, die das nahezu unmöglich machen.)

Das Thema Impfung ist inzwischen so diffizil geworden, und es ist so viel darüber geschrieben worden (Literatur siehe Verzeichnis), dass ich hier nur ein paar Fehlargumentationen geradebiegen und Anregungen zum Nachdenken geben möchte. Ein Argument der sogenannten „Impfbefürworter", das ich persönlich als extrem ungerecht empfinde, ist die Behauptung: die nicht Impfenden ruhen sich auf den Erfolgen der Impfenden aus, ja sie würden diese sogar gefährden. Dazu muss ich sagen, dass ich davon überzeugt bin, dass einige Krankheiten bereits verschwunden wären, wenn sie nicht permanent in Labors gezüchtet und durch Impfungen in unseren Körpern und unserem Bewusstsein festgehalten werden würden. Hierzu sei nur kurz erwähnt, dass sich auch die Pest von selbst erledigt hat, und zwar lange, bevor es Impfungen gab. Des Weiteren müssten sich die Geimpften, sofern die Hypothese über die Wirksamkeit der Impfungen so stimmt, doch eigentlich bombensicher fühlen. Diejenigen, die sich in Gefahr befänden, wären ja die Ungeimpften, da sie sich sowohl den natürlichen, als auch den Impferreger aus ihrer Umwelt „einfangen" könnten.

Ein weiterer bedenklicher Punkt ist der biologische Fakt, dass ein Virus seine Information an die DNA im Zellkern abgibt und diesen veranlasst, sich zu reproduzieren, bis alle Zellen diese Information integriert haben. Das führt mich zu dem Schluss, dass die viralen Impfungen eigentlich einer Genmanipulation gleichkommen.

Und bei den bakteriellen Impfungen gebe ich zu bedenken, dass ein Bakterium schon innerhalb von 20 Minuten eine neue Generation gebildet hat, die sich ihrer Umwelt bereits perfekt angepasst hat. Ein Impfserum zu produzieren, dauert jedoch mindestens ein Jahr, was bedeutet: den Ausgangserreger gibt es in dieser Form bereits gar nicht mehr. Ganz abgesehen von den nötigen fehlenden Langzeitstudien bezüglich dieses Impfstoffes.

So ein heftiger Eingriff (Angriff) wie eine Impfung muss wohlüberlegt sein.

Die Idee der Impfung an sich ist ja nicht schlecht, nur die Herstellungsart lässt sich nicht mit der hohen Heilkunst vereinbaren, die entweder alchimistisch oder homöopathisch (im weitesten Sinne auch eine Art von Alchimie) oder direkt natürlich sein muss, um dem Menschen zu helfen. Wären die Impferreger beispielsweise homöopathisch potenziert, so hätte man durch die Simile-Wirksamkeit auch gleichzeitig alle ähnlichen Erreger berücksichtigt und damit einen tatsächlichen und hohen Schutz gewährleistet.

Und eines wundert mich außerdem sehr: dass die gesundheitsbewussten Menschen von heute, die ihre Kinder bis zum dritten Lebensjahr stillen, die peinlich genau darauf achten, nur Bio-Ware zu essen, die nur Präparate verwenden, die ohne Tierversuche erzeugt wurden etc., aus Angst oder mangelnder Überlegung heraus ihre Kinder impfen lassen. An einer Impfung ist nichts biologisch und: es müssen Tierversuche eingesetzt werden.

Auch enthalten die Impfstoffe tierische (Fremd-)Eiweiße, was unweigerlich beim eigenen Organismus die Allergiegefahr verstärkt. Zudem sind nach wie vor in den Impfpräparaten Inhaltsstoffe wie Aluminium, von welchen bekannt ist, dass es das Gehirn schädigen kann oder Formaldehyd, das wir sonst auf Grund seiner Giftigkeit überall meiden.

Die Impfentscheidung sollte ohne psychischen Druck und ohne die „Entmündigung" der Eltern von diesen selbst getroffen werden.

Inzwischen ist es mir am wichtigsten, dass wir uns die Freiheit bewahren, selbst entscheiden zu dürfen. Von mir aus können sich alle Menschen impfen lassen. Aber es soll mich keiner dazu zwingen, meinem oder den Körpern meiner Kinder etwas zuzumuten, von dem ich im tiefsten Inneren überzeugt bin, dass es schädlich ist. Abgesehen davon ist und bleibt eine Spritze nun mal eine absichtlich zugeführte Körperverletzung.

Und hier kommt nun noch mein letzter Einwand: Die meisten Krankheiten, gegen die heutzutage geimpft wird, werden in der Natur über die Schleimhaut aufgenommen. Ist diese stabil (was wiederum in hohem Maße von der Schleimhaut abhängig ist), so ist es eher unwahrscheinlich, dass es überhaupt zum Ausbruch dieser Krankheit kommt. Wenn die Erreger es dennoch schaffen, sich in unserem Organismus zu verbreiten, so ist in dieser Zeit der Körper ohnehin schon vorgewarnt und das Blut bereits mobilisiert gegen diesen „Eindringling". Also haben wir es nicht mit einem „Überraschungsbesuch" zu tun, was bei einem Einbringen der Erreger via Impfung zweifelsohne der Fall ist. Bei einer Impfung kommen zudem verschiedene Erreger zusammen, was in der Natur eigentlich so nie vorkommt: mehr als zwei unterschiedliche Erreger treiben in unserem Körper in der Regel nicht gleichzeitig ihr Unwesen. Zudem werden die Erreger schmerzvoll durch eine völlig unnatürliche Eintrittspforte in den Körper eingebracht, was an sich schon ein „Schock" ist. Nicht zu vergessen die chemischen Komponenten (quecksilberhaltige Konservierungsstoffe etc.), die begleitend eingeschleust werden – das ist den meisten kleinen Körpern einfach zu viel.

Wenn Sie einen selbstbestimmten Arzt gefunden haben, sollten Sie sich so weit einigen können, dass er Ihr Neugeborenes das erste Jahr möglichst in Ruhe lässt. Denn kein Baby krabbelt gleich draußen herum und wäre somit Tetanus-gefährdet, und kaum ein Kind hat eine Blutübertragung zu befürchten, geschweige denn Geschlechtsverkehr, was die natürlichen Übertragungsarten von Hepatitis B wären. Und in diesem ersten Jahr können Sie sich noch weiter in dieses Thema einarbeiten, bevor Sie zu Ihrer letztendlichen persönlichen Impfentscheidung kommen.

Abschließend hier noch eine Überlegung zu Krankheiten allgemein: Grundsätzlich ziehen wir nur die Krankheiten an, die auch zu unserer momentanen Konstitution, unserem Charakter und der speziellen Lebensphase passen, in der wir uns aktuell befinden. Wirklich krank werden wir nur unter bestimmten Umständen: beispielsweise bei mangelnder Hygiene oder ungesunder Unverhältnismäßigkeit gegenüber unserem Körper bezüglich Aktivität / Ruhe oder auch Ernährung. Auch psychisch-energetische Belastungen, die uns möglicherweise noch gar nicht bewusst sind, können sich in körperlichen Symptomen manifestieren.

Hier noch ein Tipp aus der Praxis: Sollte das Kind an Mumps erkranken oder dagegen geimpft worden sein, bekommt es für 14 Tage die nebenstehende Mischung.

Mischung gegen Mumps(-Impfung):

• Melissa D3
• Barium jodatum D8
• Pulsatilla D8
• Phytolacca D8
• Conium D6
         aa ad 50 ml

3 – 5 x 15 Tropfen täglich.

Was Kinder brauchen

Es ist schon fast banal zu sagen, dass Kinder Liebe brauchen, aber das tun sie tatsächlich. Weiterhin brauchen sie Zuwendung, ein gewisses Maß an Sicherheit und Anerkennung. Außerdem klare Grenzen (nämlich die, wo die eigenen beginnen), eine solide Wertevermittlung, Einbindung in die Gemeinschaft und unseren klaren Schutz vor einem „Zu-früh-viel-zu-erwachsen-sein-müssen".

Zuwendung sollte hier bitte nicht falsch verstanden werden als 24-Stunden-Service rund ums Kind. Sie kann wunderbar, nehmen wir das Babyalter, in einer täglichen liebevollen Babymassage zum Ausdruck kommen. Sind die Kinder etwas größer, kann es die gemütliche Runde „Rückenkraulen", eine Füßchen-Massage zum Einschlafen oder das abendliche Märchenvorlesen sein. Die Märchen, die von Familienmitgliedern selbst vorgelesen werden, haben eine ganz andere Kraft als wenn sie durch Medien abgespult werden. Denn die Kinder erinnern sich an die Stimmen, die sie schon im Mutterleib gehört haben und fallen sofort in eine „hier bin ich zu Hause"-Atmosphäre.

Rituale geben Sicherheit

Rituale geben nicht nur Babys, sondern auch größeren Kindern Geborgenheit und Sicherheit. Denn sich täglich stringent wiederholende Ereignisse vermitteln unserem Nachwuchs dieses gute Gefühl, dass man mit etwas zuverlässig rechnen kann. Dass es (trotz der Irrungen und Wirrungen im Kinder- und vor allem im Teenagerleben) einen festen „Rahmen" gibt, der einen verlässlich umgibt. Dazu gehört in der Babyzeit das abendliche Gute-Nacht-Lied, später dann das Familien-Frühstück, der gemeinsame Spielenachmittag am Samstag oder im Sommer der sonntägliche Besuch der Eisdiele. Diese Verlässlichkeit verankert unter anderem auch das vielzitierte Urvertrauen, das gar nicht früh genug angelegt werden kann. So etwa auch durch ein extrem wichtiges Ritual, diesmal für die elterliche Beziehung, das beispielsweise sein kann: am Mittwoch Abend gehen die Eltern aus und am Donnerstag morgen sind sie wieder da!

Sich wiederholende Gewohnheiten vermitteln Sicherheit und spezifische Werte in einer Familie.

Anerkennung – genau so, wie sie sind

Anerkennung ist für die Entwicklung eines gesunden Selbst-Gefühls eines kleinen Menschen immens wichtig. Dabei meine ich die positive, motivierende Art und Weise mit Kindern umzugehen und sie wirklich ganz anzunehmen – genau so, wie sie sind. Diese Haltung schließt keinesfalls aus, dass man bestimmte Verhaltensweisen nicht akzeptiert oder sich selbst völlig auflöst um es dem Kind recht zu machen. Aber je mehr man den kleinen Menschen spüren lässt, dass er genau „richtig" und willkommen ist, desto leichter wird er die Ablehnung eines bestimmten Verhaltens annehmen.

Manche Eltern verfallen jedoch in ein rigoroses Motivationsgehabe, als würden Sie ihren Sprössling dazu motivieren, Generaldirektor des Universums zu werden. Hier möchte ich gerne ein paar Worte über Selbst(wert)gefühl und Selbstbewusstsein verlieren.

Ein Kind, das ständig auf Grund eines bestimmten Verhaltens gelobt und für „Untaten" gegängelt oder gestraft wird, weiß irgendwann sehr gut, wie die Welt (der Eltern) funktioniert, was es gut kann und was „man" lieber bleiben lassen sollte. Wenn dieses Konzept auch noch in den aktuellen gesellschaftlichen Realitätskonsens passt, wird so ein Kind mit hoher Wahrscheinlichkeit ein gutes Selbstbewusstsein entwickeln, sofern es öfter gelobt als kritisiert wurde.

Darf ein Kind allerdings seine eigenen Erfahrungen machen und die Eltern können ihm glaubhaft vermitteln, dass es gesehen und wahrgenommen wird und fallen keine Bewertungen auf das, was es tut, so hat dieses Kind auch die Möglichkeit, sich selbst fühlen zu können. Findet eine echte Auseinandersetzung und „Ich"-Kommunikation statt, in der das Kind lernt, sich und sein Verhalten zu reflektieren, führt das dazu, dass es ein Gefühl für sich selbst entwickelt und damit auch für andere. Ein Beispiel: die kleine Susi darf in einem Zirkus ein paar Schritte auf einem Pferd herumgeführt werden. Die Eltern können nach dem Absitzen entweder so reagieren: „Das hast du aber toll gemacht! Ja super! Du bist ja schon eine ganz große Reiterin!"

Viele Eltern überfrachten ihr Kind mit positiven verbalen Botschaften, bringen aber mit ihrer Körpersprache ihre eigenen Ängste zum Ausdruck. Das verwirrt die Kinder und dementsprechend verwirrend ist oft ihr Verhalten.

Oder sie reagieren so: „Und, wie war das für dich da oben auf dem Pferderücken?" Bei einer solchen Frage kann man sogar eine Antwort des Kindes erwarten, wie z. B. „Das hat mir ganz schön Angst gemacht!"

Die Übermotivationseltern, bei denen ich immer das Gefühl habe, dass sie ihr „Ego" ihren Kindern überstülpen, geben dem Kind keinen Raum sich selbst wahrnehmen und darüber reden zu können.

Ebenso schwierig ist auch das Gegenteil, denn wie immer geht es darum, das richtige Maß zu finden. Das wären dann die „Superverständnis"-Eltern, die schon die kleinsten Kinder andauernd fragen „Was möchtest du Schatz, die blauen oder die roten Socken? Möchtest du heute Nachmittag zu Hause bleiben oder lieber zur Oma fahren?" Es ist nicht schlimm, im Rahmen das Kind mitentscheiden zu lassen. Allerdings sollten die Eltern damit nicht ihren ganzen Tagesablauf bestimmen lassen. Das sind dann oft diejenigen Mütter, die ihrer guten Freundin einen Besuch absagen, mit der opfervollen Stimme: „Ach, mein Sohn möchte mich nicht weglassen, ich kann leider nicht kommen!" Es ist auch nicht so leicht, dem Wiederholungszwang zu widerstehen, wenn man – jetzt Elternteil – als früheres Kind genau das erfahren hat, oder möglicherweise eben das Gegenteil.

Eine kleine Übung:
Setzen Sie sich in einer ruhigen Minute hin und atmen einige Male (ca. 5 – 10 Atemzüge) tief durch. Wenn Sie sich entspannt fühlen, denken sie über folgende Themen in Ihrer eigenen Kindheit nach:

Wieviel durfte ich in welchem Alter selbst bestimmen?
Wie haben meine Eltern auf Gefühlsäußerungen reagiert?
In welchen Situationen habe ich (emotionale) Reaktionen
bei meinen Eltern ausgelöst? Wann waren diese positiv
(z. B. Erheiterung) und wann negativ (z. B. Angst)?

Schreiben Sie sich dazu ein paar Notizen und achten Sie auch in den nächsten Tagen auf die Gedanken zu diesen Themen. Es ist auch ratsam, diese Fragen einzeln zu erarbeiten und ein paar Tage dazwischen verstreichen zu lassen. Sie werden sehen, dass allein die Bewusstwerdung schon viel an Änderung bringen kann.

Kinder und Medien

Ich erachte die Überflutung der Kinder mit nicht kindgerechten Bildern aus den Medien als kollektiven Missbrauch an den Kinderseelen. Die Lösung ist definitiv nicht, permanent gegen die Medien zu eifern. Das macht sie in den Augen mancher Kinder sogar noch interessanter. Das Einzige, was hier hilft, ist Konsequenz und Aufklärung. Meine Konsequenz hat sich immer auf unser Zuhause bezogen. Vor allem dann, wenn die Argumentation meines Sohn war: „Aber alle meine Freunde spielen dieses Spiel ab 18!" Meine Standardantwort war darauf: „Was du bei deinen Freunden spielst, kann ich nicht kontrollieren. Aber hier wird das nicht gespielt." Ich empfehle Ihnen aus eigener Erfahrung, sich beizeiten mit den Eltern des besten Freundes beziehungsweise der besten Freundin darüber zu unterhalten, was man vielleicht gemeinsam erlauben könnte oder eben nicht. Wenn sich nämlich die Erwachsenen einig sind, macht das die Angelegenheit erheblich einfacher.

Die Eindrücke der ersten drei Lebensstunden: entscheidend für das ganze Leben!

Den Einfluss des sexuellen Empfindens eines Paares während der Schwangerschaft auf das Kind, ist bereits im Kapitel über die Geburt erwähnt. Die zweite prägende Phase für das eigene Körperempfinden ist die Phase unmittelbar nach der Geburt. Diese brandneuen und in hohem Maße überwältigenden ersten Eindrücke prägen sich so gravierend ins Bewusstsein, dass sie uns ein Leben lang erhalten bleiben. Auf Grund der immensen Wichtigkeit dieser Thematik möchte ich hier gerne nochmals darauf eingehen. Lassen Sie uns zusammen zwei folgende Szenarien vergleichen:

Das Baby wird geboren und darf sich erst einmal auf dem Bauch der Mutter ausruhen, Haut an Haut, dem vertrauten mütterlichen Herzschlag noch ganz nah, wo es mit liebevollen Händen und Worten liebkost wird. Dann wird es an die Brust gelegt, wo es bis zum ersten Einschlafen bleiben darf und beim ersten Aufwachen immer noch die sichere Nähe der Mutter spüren kann.

Oder: Das Baby wird geboren und fern von der Mutter in der Kühle der Außenwelt unter hellem Licht gründlich untersucht, vermessen und gewogen. Dann wird es in die Ferse gestochen, und damit sogleich mit der Angst vor Krankheiten seitens der Erwachsenen konfrontiert. Um sofort danach ins Bad gesteckt zu werden, welches (wie ich ebenfalls bereits erwähnte) von Temperatur und Zusammensetzung ein so ganz anderes Wasser ist, als das im Mutterleib. Oh Schreck!

Noch einmal: Im kindlichen Leben werden in den ersten drei Stunden nach der Geburt bereits die ersten prägenden Weichen gestellt. Und abermals: Die ersten Augenblicke auf dieser Welt beeinflussen uns für unser ganzes Leben.

Auch die Entwicklung des körperlichen Empfindens wird jetzt initiiert. Ein Baby spürt, ob Mutter oder Vater ihn mit einer liebevollen Sicherheit und Selbstverständlichkeit halten und berühren und integriert es als einen Teil seiner Selbst. Genauso aber, wenn Unsicherheit, Distanz oder sogar Angst zu zaghaften, vorsichtigen und zögerlichen Berührungen führen. Schlimmer noch, wenn Ekel aufkommt, sobald es sich um die kindlichen Ausscheidungen handelt oder es zu Hautirritationen kommt. Auch das wird von dem jungen „Sein" absorbiert. Ich stelle hier die provokante These auf, dass Babys, die nicht gestillt wurden, weil ihre Mütter Angst um die Schönheit ihrer Brüste hatten, später eher zu einer unpersönlichen Sexualität neigen, wenn die lebensnotwendige Nähe und Intimität nicht auf irgendeine andere Art und Weise hergestellt werden konnte.

Wo ist nur unser Bauchgefühl geblieben?

Uns mangelt es an Übung im Umgang mit kleinen Kindern.

Leider fehlt in unserem Kulturkreis die Lebensform der Sippschaften, in welchen die Neugeborenen und kleinen Kinder von den Mitgliedern permanent und abwechselnd im Arm gehalten werden und dadurch im Alltag ständig und ganz selbstverständlich mit dabei sind.

Es ist in meinen Augen nahezu zum Verzweifeln, dass es heute schon fast zur Regel gehört, dass das erste Kind, das man im Arm hält, erst das eigene Kind ist. Das nimmt uns Müttern die Chance, schon frühzeitig positive Sicherheit und Vertrauen im

Umgang mit einem Neugeborenen zu erlangen und uns damit wohl zu fühlen. Wir heutigen Mütter sind mit unserem ersten Kind noch dermaßen „grün hinter den Ohren", dass die Einflüsse von sämtlichen „es-ja-nur-gut-meinenden" Menschen um uns herum leider viel zu viel Gewicht erhalten. Doch woher sollten wir als unerfahrene Erst-Mütter denn die sichere Gewissheit erlangen, dass wir es schon richtig machen werden? Ich sage Ihnen gern woher: aus dem Bauch! Doch ist uns bedauerlicherweise gerade dieses Bauchgefühl sukzessive verlorengegangen oder es wird mehr und mehr überlagert von Ängsten, Unsicherheiten, Normen, Dogmen und Vorgaben im Sinne von: „so macht man das heute". Zur (Re-)Aktivierung des eigenen Bauchgefühls empfehle ich meinen Patientinnen gerne, Bauchtanz zu versuchen oder die Chakra-Lounge-Meditation zu praktizieren. Auch Yoga und Tänze im Allgemeinen sowie lateinamerikanische im Besonderen fördern ein gutes Körpergefühl und damit auch das gesunde Bauchgefühl.

Der Umgang mit kindlicher Sexualität und Intimsphäre

Eine weitere sensible Phase in der Entwicklung des zwischenmenschlichen Umgangs ist die Zeit um das fünfte Lebensjahr. Dann nämlich, wenn die Kinder entdecken, dass beim Brüderchen körperlich etwas anders ist als beim Schwesterchen. Es ist die Phase, in der alle Töchter später einmal nur ihren Papa heiraten wollen. Wird diese Phase geprägt von gravierenden negativen Einflüssen wie beispielsweise der Trennung der Eltern oder einfach „nur" heftige Streitereien zwischen den beiden Haupt-Bezugspersonen, so wird die eigene geschlechtsspezifische „Rolle" später im Erwachsenenalter leicht in Frage gestellt.

Man kann nicht grundsätzlich davon ausgehen, dass die Kinder genauso mit Sexualität umgehen wie die Eltern. Glück haben diejenigen Kinder, deren Eltern die Schamgrenze und den individuellen Umgang mit dem Körper ihres Kindes erkennen und annehmen. Es gibt kleine Kinder, die sich schon sehr früh nicht ohne Hose (oder Oberteil) in die Öffentlichkeit trauen und wiederum welche, die mit 12 Jahren noch keinen Grund sehen, sich zu bedecken. Je offener man als Eltern damit umgeht, desto besser. Kinder, die sich bedecken wollen, darf man nicht zum Nackt-Sein zwingen (wie oft und nur zu gern in Hippie-Zeiten passiert) und Kindern, die Spaß an der Freikörperkultur haben, darf man erlauben, sich dahingehend auszutoben. Selbstverständlich in einem von den Eltern reflektierten Rahmen und Umfeld. Ab einem angebrachten Alter kann man durch Gespräche die Sensibilität für die Wirkung fördern, die sich bei anderen durch die eigene Körperlichkeit einstellen kann. Etwa, dass viele Erwachsene irritiert reagieren, wenn sich ein zehnjähriges Mädchen an einem öffentlichen Nicht-FKK-Strand entblößt. Bei Gesprächen über die Intimsphäre ist es wichtig, entweder ernst oder offen lustig zu bleiben – ohne sarkastischen Unterton. Weiterhin ist es wichtig, die Jugendlichen in der Pubertät dahingehend zu stärken, auf ihr eigenes Körpergefühl zu hören. Natürlich mit einer vorausgegangenen offenen Aufklärung. Es gehört enorm viel Einfühlungsvermögen dazu, den richtigen Zeitpunkt für die Aufklärung zu finden. Optimal ist es, wenn die Kinder von selbst fragen. In diesem Moment offen und ehrlich auf Ihre Fragen zu antworten, ist eine gute Möglichkeit. Bleiben Sie dabei thematisch bei der konkreten Frage – denn mehr wollen die Kinder vorerst gar nicht wissen. Es ist auch in Ordnung nicht alles zu wissen und das zuzugeben.

Wann wollen wir als Mitglieder dieser Gesellschaft aufhören, sinnlose und „kranke" Bilder zu konsumieren und vor allem unsere Kinder damit zu füttern?

Unfassbar, aber auch das ist Realität: Es gibt Eltern, die ihre Achtjährigen bedenkenlos einen Pornofilm ansehen lassen, weil es ja „nur Sex" ist. Das und jegliche Überflutung seitens der Medien mit solcherlei Bildern sexuellen oder gewalttätigen Inhalts, erachte ich als seelischen Missbrauch! Die ungewohnten Bilder dieser „Hyper-Realität" prägen sich tief ins kindliche Unterbewusstsein. Und sie aktivieren vorzeitig ein Verlangen, wofür der kleine Körper noch nicht reif ist. Der kleine Kopf hält das, was er sieht, für die Wahrheit. Die meisten brauchen danach Jahre, manchmal ein Leben lang, um sich von diesen Bildern zu lösen und ihre eigenen erotischen und sexuellen Bedürfnisse zu entdecken und zu entwickeln. Das ist ungefähr so, als würde man von einem Künstler erwarten, dass er etwas Kreatives auf eine Bildfläche bringt, die bereits mit knalligen Farben ausgefüllt ist. Um bei diesem Bild zu bleiben: Die hohe Kunst der „Erziehung" ist doch eher die, als Elternteil dem Kind eine stabile Leinwand und gutes Werkzeug zu geben, und damit die Möglichkeit, sich selbst offen wahrzunehmen und ausdrücken zu dürfen. Und dann als Elternteil einen Schritt (oder zwei) beiseite zu treten, und der kindlichen Seele das Ausarbeiten des individuellen Bildes selbst zu überlassen, mit allen Empfindungen, die dieser kreative Prozess beinhaltet.

Jedes Kind hat ein Recht auf den Schutz seiner individuellen Intimsphäre.

Homöopathische „Trostpflaster" für den Intimbereich

Bei Verletzungen im Bereich der Intimsphäre, dazu gehören Operationen wie die rituelle Beschneidung beim Jungen, aber auch Unfälle, in denen dieser Bereich verletzt wird (beispielsweise Klettergerüst), geben Sie **Arnica D200** als Erste-Hilfe-Mittel, dann **Aconitum D30** und **Staphisagria C30** sobald wie möglich. Anschliessend **Staphisagria D12**, mindestens zwei Wochen 2 x 3 Globuli täglich und **Calendula C200**, 1 x 3 Globuli fünf Tage lang.

Bei sexuellem Missbrauch (wovor ich jedes Kind dieser Erde am liebsten höchstselbst bewahren möchte!) kann man die notwendige psychologische Behandlung mit **Tarantula LM6** 1 x 3 Tropfen / Globuli täglich unterstützen.

Es gibt Kinder, die haben das Bedürfnis, sich ständig an ihre Geschlechtsteile zu fassen. Hier kann **Acidum sulfuricum D30**, eine Woche lang einmal täglich, dann einmal wöchentlich gegeben, Abhilfe schaffen. Wenn Klein(st)kinder „onanieren", so kann man es großzügig geschehen lassen. Übertreiben sie es jedoch so, dass sie davon wund werden, ist neben den zuvor genannten Verletzungsmitteln auch **Argentum met. D200** als Einmalgabe angezeigt. Tun sie es bevorzugt in der Öffentlichkeit, ist eine Gabe **Hyoscyamus C30** meist hilfreich. Zusätzlich rate ich in diesem Fall, genau wie bei den kleinen Bettnässern, den Harntrakt von möglichen Erregern zu entgiften, weil diese zu einer Reizung führen können, die durch die „Überreizung" kurzfristig erleichtert wird (siehe Teil II, Kapitel „Bettnässen").

Und noch eine Anmerkung zu „Doktorspielen" im Alter von etwa 5 – 6 Jahren: Es gehört so ziemlich zu einer normalen Entwicklung der Kinder, in diesem Alter den eigenen und auch den anderen Körper zu erkunden und zu erfahren. Wichtig ist, dass Sie Ihrem Kind nicht das Gefühl geben, es wäre selbst verkehrt, wenn es so handelt. Dennoch ist es gut, hier ehrlich zu bleiben. Wenn es Sie stört, können Sie in etwa so reagieren: „Ich weiß, dass Kinder in dem Alter das tun und das ist in Ordnung so. Aber ich mag es nicht". Und wenn Sie ein cleveres Kind haben, das genau nachfragt, „Warum magst du das nicht?", dann haben Sie hoffentlich schon mal darüber nachgedacht. Und Sie haben in der Er- bzw. Beziehung zu Ihrem Kind etwas richtig gemacht, da so viel Vertrauen vorherrschend ist, dass sich Ihr Zögling traut, diese Frage zu stellen.

Erziehung oder Beziehung?

Das Wort Erziehung per se empfinde ich persönlich als negativ. Es erzeugt in mir spontan einen gewissen Widerstand, da es mich daran erinnert, wie viel Zeit meines Erwachsenendaseins ich dafür in Anspruch genommen habe, mir erlauben zu dürfen, „mich selbst" zu leben. In meinen Augen ist der Umgang mit Kindern nachhaltig vom vorherrschenden Zeitgeist geprägt. Meine persönliche Philosophie in Bezug auf meine eigenen Kinder war und ist: sie ins Leben einzuführen, indem ich mit ihnen in Beziehung bleibe. Das heißt, ich nehme sie wahr, so wie sie sind, und beziehe mich auf ihre Veranlagung, Gefühle,

In unserem menschlichen Leben lassen sich problematische Situationen nicht vermeiden. Die Art, wie damit umgegangen wird, ist die eigentliche Lektion für Kinder und Erwachsene.

Bedürfnisse und Stärken. Und ich habe das Gefühl, dass diese Haltung richtig war und immer noch ist. Gesellt sich dazu eine gewisse Offenheit, dass auch die Kinder einen großen korrektiven Einfluss auf uns Eltern ausüben dürfen, kann man über die Entwicklungen aller Beteiligten staunen – und sich bestenfalls darüber freuen.

Eltern als Vorbild

Die beste Erziehung ist meines Erachtens immer noch, ein „gutes" Vorbild zu sein. Das bedeutet auch, sich als Eltern hin und wieder selbst zu hinterfragen und zu reflektieren. Wenn ein Erwachsener dagegen der Überzeugung ist, er müsse seine Kinder zu etwas erziehen, was er selbst gar nicht ist oder auch was dem Kind-Charakter überhaupt nicht gerecht wird, wird diese Eltern-Kind-Beziehung zwangsläufig sehr zwiespältig sein. Diese Zwiespältigkeit wird der Heranwachsende früher oder später auf irgendeine (therapeutische) Art und Weise auflösen müssen. Wir Menschen sind so gepolt, dass wir intuitiv und nachhaltig am vorhandenen Beispiel lernen. Das heißt – um evolutionstechnisch sehr weit zurückzugehen – die „Überlebensstrategien" unserer Sippschaft kopieren. Das bedeutet wiederum: So wie sich die Eltern gegenüber Autoritäten, Ehepartnern, Tieren etc. geben, so wird sich der junge Erwachsene verhalten, ist er (vor allem das erste Mal) auf sich allein gestellt. Die individuelle Haltung wie beispielsweise Wohlwollen, Aggression, Unterwerfung etc. prägt den zwischenmenschlichen Umgang nachhaltig. Diese Haltung wird (unbewusst) von den eigenen Eltern kopiert und ist abhängig davon, was wiederum die Eltern selbst als Durchsetzungsmöglichkeit von ihren Vorfahren übernommen haben. Diese Adaption wird zusätzlich durch den eigenen Charakter und die eigene persönliche Strategie gegenüber den Eltern gefiltert. Damit bleibt jeder Mensch in seinem Verhaltensmuster individuell und gleichzeitig ist eine spezifische Familienzugehörigkeit sichtbar.

Kinder lernen die Muster ihrer Sippschaft.

Zwei Beispiele: Ein Vater (hochgradig aggressiv in seiner Charakterstruktur) fährt mit seinem Sohn im Auto und wird von der Polizei angehalten. Der Vater würde den Polizisten am liebsten an die Gurgel springen, bleibt jedoch nach außen hin gefasst und sachlich. Je nach Konstitution des Sohnes wird dieser entweder später die Aggression sichtbar machen, indem er schreit oder handgreiflich wird (dies besonders als „Teenie"), oder aber den gleichen Umgangston wie der Vater wählen, wobei die Aggression hier leicht in Arroganz übergehen kann (dies dann eher im Erwachsenenalter). Vielleicht hat der Sohn aber einiges an ausgleichenden Elementen vom Wesen seiner Mutter (ruhig und vermittelnd in ihrer Charakterstruktur) übernommen. Dann ist es beispielsweise möglich, dass er in seinem Leben immer wieder mit Situationen konfrontiert wird, in denen er sich verpflichtet fühlt, zwischen einer Rechtsinstanz (im weitesten Sinne) und einem „Aggressor" zu vermitteln. Aber im Wesentlichen bleibt „Aggression" ein Thema in seinem Leben.

Oder: Eine Tochter, die gelernt hat, immer ein „fröhlicher Sonnenschein" zu sein, weil sie damit ihr Bedürfnis nach Liebe und / oder Durchsetzung ihrem Vater gegenüber während ihrer gesamten Kindheit erfolgreich eingefordert hat, wird diese Strategie auch bei anderen „Autoritäten" einsetzen, um zu sehen, ob sie damit durchkommt. (Diese geschlechtsspezifischen Übertreibungen zum Zwecke der Verdeutlichung sind beabsichtigt, denn die unendliche Vielfalt an individuellen Möglichkeiten hier beschreiben zu wollen, würde den Rahmen dieses Buches definitiv sprengen.)

Zum Leben hier auf der Erde gehören nun mal all die ursprünglichen Gefühle wie Wut, Trauer, Angst und Liebe sowie die dazugehörigen Urinstinkte wie Aggression, Sehnsucht, Fortpflanzungs- und Fürsorgetrieb. Und zu diesen Grundvoraussetzungen gesellt sich die Prägung durch das frühe Umfeld. Empfindet ein Elternteil Geschirrspülen als eine unangenehme

Kinder „kopieren" die emotionalen Verhaltensmuster ihrer Eltern.

Tätigkeit und verhängt diese vielleicht auch noch als Strafe für Nicht-Gehorsam des Kindes, so prägt sich im (Unter-)Bewusstsein dieses Kindes das Muster ein: Geschirrspülen = Strafe.

Kleine Übung:

Setzen Sie sich in einer ruhigen Minute hin und atmen Sie einige Male (ca. 5 – 10 Atemzüge) tief durch. Wenn Sie sich entspannt fühlen, denken sie über folgende Themen nach:

Welcher Arbeit gebe ich welche Bewertung?
Welche Arbeiten sind „Strafe" für mich?
Wie war das Verhältnis meiner Eltern zu welchen Arbeiten?

Schreiben Sie sich dazu ein paar Notizen und achten Sie auch in den nächsten Tagen auf die Gedanken zu diesen Themen. Sobald Sie sich die inneren Widerstände bezüglich einiger Arbeiten bewusstgemacht haben, können Sie diese möglicherweise mit neuem Elan leichter angehen.

Spielregeln vs. Maßregeln

Um Kinder dazu zu bringen, solch eine ungeliebte Tätigkeit zu übernehmen, empfehle ich, das Thema gemeinschaftlich und motivierend anzugehen. Ein Beispiel: Setzen Sie sich an einem verregneten Wochenende mit der ganzen Familie zum „Spiele-Tag" zusammen und erledigen Sie immer zwischen zwei Spielen eine vorher vereinbarte Tätigkeit nach dem Motto: „Nach dem nächsten Spiel bringst Du (Kind 1) den Müll runter, ich (Mutter) schalte die Waschmaschine ein, Du (Kind 2) fütterst den Wellensittich und Papa spült die Pfanne von gestern Abend". Sie werden sich wundern, wie schnell die ungeliebten Pflichten erledigt werden. Und noch ein wichtige Faktor zum Thema Spiele: Wählt man explizit solche aus, die man zwar für pädagogisch wertvoll hält, die einem selbst jedoch keinen Spaß bereiten, spüren das die Kinder sofort. Sie werden beispielsweise zielsicher das „stupide" PC-Spiel, in dem der Vater jedoch freudig-emotional aufgeht, dem „Früh-Förderungs-Spiel", dem Sie auch selbst nicht wirklich etwas abgewinnen können, vorziehen.

Üben, bis es über wird?

Der Reiz der „Kreativität des Augenblicks" überwiegt generell jegliche Disziplin. Statt täglich eine Uhrzeit festzulegen, zu der die Kinder ein Instrument nach Noten üben müssen, können wir ihnen lieber schon ganz früh das Gefühl von und für Musik vermitteln. Singen Sie mit Ihrem Kind, tanzen Sie mit ihm oder spielen Sie rhythmische Finger- oder Klatschspielchen mit ihm. Machen Sie, was Ihnen selbst auch Spaß macht und erlauben Sie sich, ab und zu albern zu sein und Ihr eigenes inneres Kind in den Vordergrund kommen zu lassen. Schlagen Sie beim Frühstück mit Löffelchen gegen die Tassen, Teller und Deckel und lassen Sie so einen Rhythmus entstehen. Wir haben das in unserer Familie immer „stompen" genannt und hatten allesamt unglaublich viel Spaß dabei. Einige werden jetzt einwenden, gerade beim Erlernen eines Instruments ist Disziplin unerlässlich. Besonders wenn aus dem kleinen Musikus ein großer Musiker werden soll. Bei manchen Kindern ist das auch sicherlich nötig und möglich, das hängt sehr vom Charakter ab. Es gibt Veranlagungen (Konstitutionen), die sich leichter führen lassen und mit Spaß und positiver Motivation (bis zu einem gewissen Grad) auch lange bei einer Sache bleiben. Aber die Eltern sollten nicht darauf bestehen, dass sich Ihr Kind verbiegt, um ihrem eigenen Ehrgeiz gerecht zu werden. Denn das schadet der Psyche dieses Wesens mehr, als dass es später durch seinen Erfolg Befriedigung erfahren könnte.

Wenn Sie ein kleines „Genie" erziehen wollen, so müssen Sie bereits in der Schwangerschaft die Weichen dafür legen.

Actio und Reactio oder: Konsequenzen fühlen

Was Kinder ganz dringend brauchen, um sich emotional gesund entwickeln zu können, ist ein ehrlicher Umgang mit Gefühlen. Und natürlich wollen sie fühlen. Wenn Kindern partout kein positives, liebevolles, anerkennendes Gefühl von Seiten ihrer Eltern / Bezugspersonen entgegengebracht wird, so provozieren sie mit ihrem Verhalten so lange, bis sie wenigstens ein negatives Gefühl als Antwort erfahren. Das ist für unser menschliches Sein lebenswerter, als in die trostlose Öde der Gefühllosigkeit verbannt zu werden.

Ein Beispiel zum Thema Konsequenzen fühlen: Lars, zweieinhalb Jahre, möchte am Flughafen auf einem münzbetriebenen Elefanten reiten. Die Mutter erlaubt es nicht. Lars holt aus und will seine Mutter schlagen. Option eins: Die Mutter fängt seine Hand im Flug, schaut ihm tief in die Augen und sagt mit ernster, strenger und deutlicher Stimme: „Stopp, du haust mich nicht!" Option zwei: Der Vater steht daneben. Lars war schneller und trifft seine Mutter, da gibt ihm der Vater einen Klaps auf diese Hand und sagt seinem Sohn deutlich: „Nein, du haust deine Mutter nicht!" Dritte Option: Lars haut zu. Die Erwachsene(n) fangen an, mit ihm verständnisvoll zu reden und diskutieren ungefähr so: „Ach Lars, du darfst doch deine Mama nicht hauen, ich verstehe ja, dass du wütend bist, weil du nicht auf den Elefanten darfst, aber deswegen darfst du doch deine Mama nicht hauen. Komm, magst du lieber ein Eis?" Ein Kind, das gerade beginnt, seine ersten Drei-Wort-Sätze zu bilden, wird aus dem letzten Text nur mitnehmen, dass es Eis gibt und zu der Schlussfolgerung gelangen, dass es sich lohnt, sich mit Gewalt durchzusetzen. Im ersten Fall hingegen lernt es, dass es eine klare Grenze gibt und im zweiten Fall erfährt der kleine Rabauke, dass Gewalt Gegengewalt erzeugt und dass jemand da ist, der eine Frau beschützt.

Ja – Nein – Vielleicht?

Womit Kinder gar nichts anfangen können, ist Zweifel. Ein „Vielleicht" ist für sie und auch die Eltern die größte Qual, weil dann das Zetern kein Ende nimmt. Wenn Eltern ein schlechtes Gewissen haben, weil sie ihrem Sprössling einerseits gerade die dritte Fernsehstunde gewähren, um ungestört eine wichtige Arbeit zu beenden, jedoch andererseits genau wissen, dass sie ihrem Nachwuchs damit nichts Gutes tun, dann wird jedes: „Jetzt ist dann aber Schluss!" zu einer nervlichen Zerreißprobe. Was hier hilft, sind klare Abmachungen wie: „Nach dieser Sendung wird der Fernseher ausgeschaltet". Oder der Trick mit der Eieruhr, der vor allem für PC-Spiele funktioniert oder auch wenn sich Geschwister um ein Spielzeug streiten. Im ersten Fall wird sie, je nach Alter des Spielers, auf zwischen 10 und 50 Minuten gestellt, und läutet so die Bildschirmpause ein. Im zweiten Fall markiert sie nach jeweils fünf Minuten den Spielerwechsel – wobei nach dieser Methode meistens nach spätestens dem dritten Wechsel das Interesse für das Objekt erloschen ist und die Kids sich gemeinsam einem Teamprojekt widmen.

Da fällt mir das Zitat eines meiner großen Lehrer ein: „Ja oder Nein! Alles dazwischen ist vom Teufel." Und genau dieses „Dazwischen" fühlen Kinder heraus. Wenn eine Mutter oder ein Vater etwas verbietet, das Kind dabei jedoch einen Zweifel oder gar ein schlechtes Gewissen beim Erwachsenen spürt, wird das Gequengel meist nicht aufhören, bis sich der Sprössling zuletzt doch noch durchgesetzt hat. Sobald das Kind aber spürt, dass ein „Nein" definitiv ein „Nein" ist und auch bleibt, spart es sich seine Energie, weil es genau weiß, dass hier Nörgeln keinen Zweck hat.

Gewalt gegen Kinder

Alles in allem ist schlimmstenfalls schon viel erreicht, wenn man es schafft, dass die eigenen Kinder ihre Eltern später nicht hassen müssen, wenn sie sich bewusst machen, was da früher auf sie gewirkt hat. Körperliche oder psychische Misshandlung und Gewalt sind indiskutabel. Sollte ein Elternteil sich im Idealfall selbst dieses krankhaften und krankmachenden Verhaltens bewusst werden, so bitte ich diesen Menschen persönlich und nachdrücklich, sich sofort in eine qualifizierte Therapie zu begeben. Genauso dringend bitte ich Therapeuten, diese Eltern ernst zu nehmen. Wir können dankbar sein, dass inzwischen das Recht auf gewaltfreie Erziehung weltweit Gültigkeit hat. Und zu guter Letzt liegt es auch an unserem Staat, (noch) mehr Unterstützung und Aufklärung zu diesem Thema zu betreiben und dem Recht dazu zu verhelfen, dass es eingehalten wird. Von den Kindern darf man jedoch nur wenig Kooperation erwarten, da Sie Ihre Eltern in jedem Fall lieben und schützen wollen, auch wenn sie selbst dabei Schaden nehmen. Auf der anderen Seite muss man nicht überall die Flöhe husten hören. Zwei traurige Beispiele, die zeigen, dass die Tatsachen anders liegen können, als die voreingenommenen Schlussfolgerungen vermuten lassen: Eine Mutter wird beschuldigt, ihr Kind zu misshandeln, weil es von einem Sturz vom Pferd eine heftige Prellung hat. In einem anderen Fall bringt ein Sechzehnjähriger den Mut auf, sich an eine öffentlichen Stelle zu wenden, da seine alleinerziehende Mutter alkoholkrank ist und er mit seinen jüngeren Geschwistern komplett überfordert ist. Dort bekommt er zu hören: „Was, Du bist sechzehn? Dann sind wir nicht mehr zuständig, das kriegst Du schon hin!"

Diese Fälle zeigen, dass wir noch viel mehr (ab-)wertungsfreie Sensibilität in der Gesellschaft entwickeln müssen, besonders an den zuständigen Hilfsstellen.

Geschwister-Harmonie in Tassen

Das über Jahre erworbene Wissen und die positive Erfahrung rund um die Kraft der Kräuter, der Astromedizin und der täglichen Konfrontation zweier „starker" Kinder brachte mich auf die Idee, eine „besondere" Teemischung zusammenzustellen. Diese Kräuter gleichen in ihrem Zusammenspiel die kindlichen Charaktere angenehm aus (dadurch, dass sie zu Venus und Sonne in Beziehung stehen) und sorgen dafür, dass sich die Geschwister nicht (so oft) streiten.

Teerezeptur für den Wohlfühltee oder „Harmonietee":

• Damiana
• Apfelminze
• Orangenschalen
• Anserine
• Lindenblüten
• Lavendel
• Melisse
• Holunderblüten
• Ringelblume
• deutsches Eisenkraut

Jeweils zu gleichen Teilen mischen und 1 – 2 Tassen täglich mit ein wenig Holunderblütensirup trinken.

Schulschwierigkeiten

Ich bin der Überzeugung, dass die Lernsituation eines anschaulichen Projekt-Unterrichts der eines (mehr oder weniger langweiligen) Frontal-Unterrichts vorzuziehen ist. Außerdem empfehle ich Schülern jeden Alters und in der (Prüfungs-)Situation meinen „besonderen" Wohlfühltee zu trinken. Diesen ergänzen Sie in diesem Fall durch die Pfefferminze (fokussiert / fördert die Konzentration und pusht bei Trägheit / langsamem Begriffsvermögen).

Auch folgende spezielle Blütenmischungen (der Flower Essences von Dr. Edward Bach oder der australischen Buschblüten) wirkt in problematischen Schulsituationen wahre Wunder:

Bachblütenmischung „Prüfungsangst":

- **Gentian oder Herbstenzian** – Gegen die negative Erwartungshaltung.
- **Honeysuckle oder Geißblatt** – Relativiert die bisher gemachten negativen Erfahrungen bei Prüfungen.
- **Mimulus oder Gefleckte Gauklerblume** – Gegen die Angst zu versagen.
- **Elm oder Ulme** – Gegen den Stress in Prüfungssituationen.
- **Larch oder Lärche** – Für mehr Selbstbewusstsein bei der Prüfung.

Australische Buschblütenmischung:

- **Paw Paw** – Für konstruktive Problemlösungen.
- **Bush Fuchsia** – Verbindet beide Gehirnhälften.
- **Isopogon** – Aktiviert „altes" Lernwissen.

Besonders bewährt hat sich auch **Chrysolith D30** (Trituration = homöopathische Verreibung von Weleda), eine Messerspitze morgens am Prüfungstag. Äußert sich die Prüfungsangst in kaltschweißigen Händen und der Neigung zu Durchfällen, kann man **Argentum nit. D30** ab drei Tage vor der Prüfung (oder immer, wenn die Angst einen überfällt) bis zu 3 x täglich geben.

Eltern-Mantra in Bezug auf die Jugend: „Immer-schön-locker-bleiben!" – und das richtige Maß an Ernsthaftigkeit und Humor finden

Eines Tages kam mein Sohn mit der Idee nach Hause, er möchte gerne Punker werden. Schön und gut. Also habe ich mich mit ihm hingesetzt, und ihm Folgendes mitgegeben: „Du kannst das gerne machen (und das war ehrlich gemeint!). Du musst aber damit rechnen, dass Menschen auf dich aggressiv reagieren können und ich empfehle Dir deshalb zur Selbstverteidigung einen Kampfsport zu trainieren. Es kann auch sein, dass Du Dich in der Schule mehr anstrengen musst, weil die Lehrer Dich vielleicht nicht ernst nehmen oder sogar als Problem sehen. Ich gehe da mit Dir durch, aber überlege Dir gut, ob Du das wirklich willst!"

Jeder kann machen, was er möchte – er muss nur mit den Konsequenzen leben. Diese den Kindern zu erklären ist fast immer bis zum 21. Lebensjahr notwendig.

Das ist nur eine Möglichkeit, denn wichtig dabei ist, authentisch zu bleiben. Wenn es für mich wirklich nicht tragbar gewesen wäre, hätte ich ihm das auch so gesagt, in der Art: „Damit fühle ich mich wirklich gar nicht gut. Das empfinde ich als peinlich und weiß noch gar nicht, wie ich damit umgehen soll."

Eines anderen Tages verkündete er mir, dass er zukünftig Dreadlocks als Kopfschmuck tragen möchte. Wieder habe ich ihm geantwortet, dass er das machen kann, wenn er sich unbedingt derart schmücken möchte. Er solle sich aber bitte vorher Gedanken zu dem verhältnismäßig hohen Aufwand machen, der die Pflege dieser Haarpracht bedarf. Und er müsse sich, wenn er diesen Look wieder ablegen will, quasi mit einer Beinahe-Glatze für eine ziemlich lange Zeit attraktiv finden. (Das war mein damaliger Wissenstand – heute weiß ich, dass die „Pflege" wenig braucht und man mit viel Geduld die Haare wieder auseinander kämmen kann. Hätte sich mein Sohn damals näher damit beschäftigt, hätte er meine Argumente leicht widerlegen können.)

Kinder müssen lernen, welche Folgen ihr Handeln hat. Und sie können am besten Lernen, wenn die Erwachsenen mitfühlen und ihnen nicht vorhalten: „Siehste, ich hab's Dir doch gesagt".

Meiner Überzeugung nach, sollte man seinen Kindern zwischen dem zehnten und dem fünfzehnten Lebensjahr sukzessive immer mehr Verantwortung für sich selbst zugestehen. Ihnen gleichzeitig aber auch mehr und mehr Pflichten übertragen – mit der gebotenen Konsequenz, aber immer auch gepaart mit einer gewissen Großzügigkeit. Damit meine ich, dass das Kind beispielsweise die feste Aufgabe hat, die Katze zu füttern und ich es gelegentlich übernehme, wenn es mich darum bittet, weil es lieber ins Kino gehen möchte.

Jugendliche wollen sich ausprobieren. Sie wollen mit Schminke, Kleidungsstilen, Sportarten, Hobbys usw. ihre verschiedenen Talente und Neigungen entdecken. Damit wollen sie auch die Vielseitigkeit der „kleinen Welt" um sich herum kennenlernen. Je nach Charakter wird das eine Kind sich völlig in eine Sache hinein vertiefen, und ein anderes Kind wird öfter etwas anderes versuchen wollen. In meinen Augen ist beides in Ordnung, solange die Eltern nicht mit aller Gewalt das Gegenteil zu erreichen versuchen. Ein guter Deal diesbezüglich: wenn etwas Neues ausprobiert wird, so wird es mindestens 21 Mal gemacht, um zu spüren, ob es einem wirklich liegt oder nicht. Dies empfehle ich auch den Erwachsenen, die eine neue Gewohnheit in ihr Leben bringen wollen, wie z. B. Yoga.

Das sinnvollste Hobby für jedes Alter ist wahrscheinlich in die Natur zu gehen und dort Herausforderungen zu suchen.

Und den Teenies tut es auch gut, wenn man sie zu einer gewissen Verbindlichkeit (nicht nur) in Bezug auf Ihre Hobbys anhält. Damit meine ich im schlimmsten Fall: rechnet eine Mannschaft mit dem Einsatz seines Mitspielers, sollte dieser zumindest rechtzeitig beim Trainer Bescheid geben, wenn er sich entschließt, das Spielen aufzugeben.

Das Heranreifen der Jugendlichen

Das Jugendalter sorgt erfahrungsgemäß für einige Verwirrung, sowohl bei den Eltern, als auch bei den Jugendlichen selbst. Es ist eine Zeit, in der sich im Köper unglaublich viel verändert, besonders durch den Einfluss der Hormone. Und weil es die Hormone sind, die sich entwickeln, neu ordnen, ein richtiges Maß suchen, deshalb schwanken dementsprechend auch die Stimmungen, Launen, Empfindungen und Gefühle.

Leider gibt es in unserer Kultur keine bewussten spirituellen Rituale, die eine Kindheit beenden und das Erwachsenenalter einleiten. Ein Ritual hat immer die Bedeutung der Bewusstwerdung, dass etwas Neues anfängt. So greifen die meisten Jugendlichen auf „Ersatzrituale" zurück – anstatt einer geschützten rituellen Erfahrung von „Anderswelten" (wie das Ajahuaska-Ritual) wird Komasaufen geübt, gefährliche Mutproben wie S-Bahn-Surfing statt echte Mutproben, wie beispielsweise alleine im Wald zu übernachten und Ähnliches.

Es gibt natürlich auch in unserer Zivilisation angenehme Rituale, wie der Abschlussball oder bestimmte Sportevents. Vor allem in Amerika bleiben diese aber einer kleinen gutgestellten Schicht oder den besonders Talentierten vorbehalten.

Meiner Meinung nach haben aber öffentliche Sportevents deshalb so eine allgemeine Anziehungskraft, weil sie das Bedürfnis des Menschen nach wiederkehrenden Ritualen befriedigen.

Es ist gut zu wissen, dass man als Erwachsener Mensch immer wieder auf das zurückgreifen wird, was man in der Jugend am häufigsten geübt hat. Beispielsweise sind bestimmte Trainingszeiten, über mehrere Jahre eingehalten, immer noch die Zeiten, in welchen der Erwachsene eine besonders gute Kondition haben wird.

Hat man in der Jugend ständig Musik gemacht, so wird man auch als Erwachsener immer von Musik bereichert oder entspannt. Ebenso mit verhält es sich mit dem gewohnten TV-Konsum, mit Videospielen, Naturwanderungen, Shoppingtouren, Tanz oder Kochen.

Egal, was der junge Mensch in dieser Ausprobierphase anstellt, es gibt ein Obergebot für Eltern, welches eine Grundtendenz im Hintergrund sein sollte. Ich möchte das in einem Zitat zum Ausdruck bringen: „Du aber halte mich, auch wenn ich schmutzig bin, denn wenn ich reingewaschen wäre, würde mich ja jeder lieben." (Das Zitat habe ich auf einem Seminar über die Festhaltetherapie von Frau Dr. Jirina Prekop aufgeschnappt und weiß leider nicht mehr, von wem das Original ist – die oder derjenige möge mir verzeihen, dass er hier nicht erwähnt wird.)

Es ist wirklich eine hohe Kunst, ein guter „Sparringspartner" zu sein, um es mit den Worten von Jesper Juul zu sagen. Das bedeutet, bereit zu sein, mit den Kindern zu wachsen, auszuHALTEN, mit was sie uns konfrontieren, sich mit ihnen auseinanderzusetzen und auch mal Kritik anzunehmen, sofern diese in höflicher Art und Weise kommuniziert wird. Ich träume davon, dass wir die Jugendlichen gesellschaftlich wieder mehr einbinden und mit den „Ältesten" unserer Gesellschaft zusammenbringen. Und dass sogar (spirituelle) Initiationsrituale wieder in unserem Alltag einen selbstverständlichen Platz finden.

Rezept für die Mischung zur „Mann-Werdung" des Jungen:

- Urtica dioica D3
- Tribulus terrestris D6
- Thymus serpyllum D10
- Turnera diffusa D8
- Cuprum arsenicosum D12
- Veratrum D8
- Ferrum sulfuricum D6
- Merculialis perennis D6
- Onopordon acanthum D6
- Staphisagria D12
       aa ad 100 ml

1 – 2 x 10 Tropfen 6 Wochen, ca. 2 x jährlich oder bei Bedarf.

Damit nun die Hormone keine zu großen Kapriolen schlagen, habe ich zwei Mischungen zusammengestellt, die der Familie über die turbulente Zeit hinweghelfen können und es vor allem dem Jugendlichen leichter machen. Die Mischung für Jungen unterstützt die gesunde Entwicklung der Hormone, einen guten Körperwuchs und den Kreislauf, damit dieser in der rasanten Wachstumszeit gut mitkommt. Sie unterstützt männliche Qualitäten ohne den Machismo zu fördern. Nur wenn sich der Mann in sich wohlfühlt, ohne zu verletzt zu sein, kann er mit Selbstsicherheit einer Frau begegnen.

Die Vorraussetzung für Selbstsicherheit ist ein starkes und gesundes „Gefühl für sich selbst". Bei Mädchen kann man das gar nicht früh genug verankern. Homöopathisch unterstützend wirkt das Rezept für Mädchen, auch um die Hormonentwicklung in richtige Bahnen zu lenken. Diese Mischung hilft den Mädchen, ein gutes Gespür für sich und ihren Körper zu entwickeln. Den eigenen Körper, in welchem sie sich wohl fühlen können und den sie „schön" finden dürfen. Wobei „Schönheit" hier unbedingt als subjektive Größe zu verstehen ist. Die Hormone werden reguliert und das Mädchen wird sich leichter tun, mit etwaigen Unsicherheiten umzugehen und auch mal „Nein" zu sagen.

Mit der hormonellen Heranreifung erwacht natürlicherweise auch die Sexualität und damit besonders für die Mädchen auch das Thema der Verhütung. Natürlich macht es Sinn, das junge Mädchen vor einer Schwangerschaft(en) zu schützen. Es ist jedoch ebenso wichtig, dem jungen Körper so lange wie möglich der eigenen hormonellen Entwicklung die Chance zu geben, seinen eigenen Rhythmus zu finden. Auf keinen Fall sollten chemische Hormone (Pille) aus irgendeinem anderen Grund verabreicht werden, wie beispielsweise zur Pickelvermeidung oder wegen Menstruationsschmerzen. Diese Beschwerden sind Hinweise, dass der Körper nicht selbst in genügendem Maße zurechtkommt und Hilfe braucht. Ein erfahrener Therapeut wird diese Symptome als Ausgangspunkt für die Behandlung nutzen.

Wenn sich die Pilleneinnahme nicht vermeiden lässt, kann man zum Kompensieren und zur Minimierung der „Schäden" (z. B. die Möglichkeit, nach der Pilleneinnahme noch schwanger zu werden) monatlich eine Gabe **Platinum met. D30** verabreichen.

Rezept für die Mischung zur „Frau-Werdung" des Mädchen:

- Turnera diffusa D3
- Alchimilla D3
- Cuprum arsenicosum D12
- Urtica dioica D6
- Rosa canina D3
- Archangelica D12
- Iris D10
- Conchae D3
- Spongia D6
- Poterium spinosum D6
        aa ad 100 ml

1 – 2 x 10 Tropfen 6 Wochen, ca. 2 x jährlich oder bei Bedarf.

Kinder sind keine „kleinen Erwachsenen" – Oder: Überfordern Sie Ihr Kind nicht mit Erwachsenenthemen!

Ein weiterer essentieller Punkt im Umgang mit Kindern ist, dass wir Ihnen ihre Kindheit lassen, indem wir sie nicht zu früh mit Erwachsenenthemen konfrontieren und sie bestenfalls gar nicht mit unseren eigenen Problemen belasten.

Kinder sollten von den Sorgen der Erwachsenen nur soviel wissen, wie sie müssen, um eine Situation zu verstehen. Am besten in „Ich-Botschaften" vermittelt und ohne einen Schuldigen außen zu beklagen.

Viele Kinder werden – wie bereits erwähnt – zu früh mit zu großen Aufgaben in die Pflicht genommen oder in Schwierigkeiten und Streitigkeiten der Erwachsenen mit hinein gezogen. Damit werden sie genötigt, zu schnell erwachsen zu werden, weil Ihre eigenen Eltern bedürftig sind. Es kann und darf nicht sein, dass Väter oder Mütter den anderen Elternteil auf Grund ihrer eigenen Verletzung beim Kind schlecht machen und dass sie sich gegenseitig ausspielen. Dadurch entsteht in der kleinen Seele ein schmerzhafter Riss, denn Kinder wollen beide Elternteile einfach nur lieben dürfen. Allein schon, weil sie zur Hälfte aus beiden „Energien" bestehen. Wie kann man verlangen, die andere Hälfte abzulehnen oder gar zu hassen? Es ist gleichbedeutend, als würde man von ihnen erwarten, sich ein Bein abzuschneiden.

Die Eltern können sich in so einem Fall an Freunde, Therapeuten, Mentoren oder Organisationen wenden. Bedenkt man, dass sie dadurch den Kindern wahrscheinlich viel Kummer ersparen und die Möglichkeit offen halten, die Weichen des Lebens Richtung „Glücklich und Gesund" zu stellen, könnte es eine Motivation sein, über den eigenen Schatten zu springen und sich Hilfe im Außen zu suchen, damit die Kinder ein wenig unbelasteter sind.

Für einen warmherzigen, versorgenden Rahmen müssen die Eltern sorgen und es nicht den Kindern überlassen. Aber die Mitarbeit der Kinder an der Erschaffung eines schönen Rahmens sollte immer willkommen sein und wohlwollend/anerkennend angenommen werden.

Eine weitere übermäßige Belastung kann sein, wenn bereits manche Achtjährige sich gewohnheitsmäßig selbst morgens ihr Frühstück machen oder die kleinen Geschwister versorgen müssen, obwohl es vermeidbar wäre.

In Phasen, die bei allen Erwachsenen – mehr oder weniger aber immer – vorkommen, in welchen die Eltern „Erwachsenenthemen" wie beispielsweise Geldsorgen, einen anstehenden Umzug, Beziehungsdramen von Familienfreunden, Arbeitslosigkeit, schwere Krankheiten von Verwandten, bevorstehende Trennung oder ähnliches besprechen, ist es ratsam, die Kinder (erst einmal) außen vor zu lassen. Manchmal ist es jedoch unumgänglich, dass auf Grund solcher Themen die Kinder selbst davon betroffen sein werden (wie beim Umzug, Trennung oder weil ein nahestehender Mensch vermutlich diese Welt verlassen wird). Unter diesen Umständen ist ein sehr individueller und sensibler Umgang wünschenswert, der im Idealfall möglichst altersgerecht, aber ehrlich ausfällt.

In solchen Situationen unterstützt man die kleine Kinderseele neben Rescue Remedy Flower Essenz Tropfen mit **Natrium chloratum D30**, 1 x täglich eine Woche lang, dann 1 x wöchentlich. Den (ersten) Liebeskummer, der von den verlassenen Jugendlichen oft wie ein Weltuntergang empfunden werden kann, vermag **Ignatia D30** in gleicher Dosierung zu lindern.

Homöopathie und Schicksal

Es gibt Therapeuten (beispielsweise die Anthroposophen), die ungern homöopathische Hochpotenzen verwenden. Sie sind der Ansicht, dass man damit ins „Karma" eingreift, was man wiederum nicht tun darf.

Zuallererst frage ich da, wer entscheidet denn, ob man darf oder nicht? Und dann: Gehört es nicht zur Heilung, auch das (eigene) Schicksal in die Hand zu nehmen?

Es gibt bestimmte Gegebenheiten im Leben, die man trotz aller Behandlung, Bemühung, Homöopathie etc. nicht verändern kann. Sie stehen in einem höheren seelisch-karmischen Zusammenhang. Wer da wirklich etwas (für sich selbst) zu ändern im Stande ist, hat es durch seine Handlungen, Worte, Gedanken und seine Einstellung bewirkt. Man kann tatsächlich unglaublich viel in seinem Leben nach eigenem inneren Bestreben gestalten und verändern. Besonders diejenigen, welche die heutigen Möglichkeiten von systemischem Familienstellen, schamanischer Arbeit, (Heil-)Gebeten usw. nutzen, können viel belastendes Karma auf eine konstruktive Art abtragen.

Kinder bearbeiten tiefe Themen in ihrem eigenen Tempo. Wenn es manchmal scheint, dass sie eine Tatsache kaum wahrnehmen, kann Wochen später ein emotionaler Ausbruch kommen.

Die Homöopathie hilft bei der Integration von Erlebnissen.

Trotz aller Bemühungen kann der Mensch die kosmischen Gesetzmäßigkeiten nicht verändern. Er kann nur mit Hilfe dieser Regeln die Ausrichtung in Bezug auf die Zukunft mitgestalten.

Und doch bleiben ein paar Eckpunkte, die jeder für sich selbst zu Ende bringen muss, weil er sich lange vor Lebensbeginn dafür entschieden hat. Solange es jemandem schwerfällt, bewusst „Ja" zu sagen und derjenige nicht aufhört, mit seinem Schicksal zu hadern, wird er viel Lebenskraft verlieren. Genau hier geben zum Glück die homöopathischen Mittel, pflanzlichen Arzneien, Blütenessenzen, Meditationen und all die anderen guten Helfer dabei wertvolle Unterstützung. So bleibt man stabil und bricht nicht zusammen, sondern entwickelt (findet!) in sich die Kraft, auch diese Lebensphase durchzustehen und gestärkt daraus hervorzugehen.

Ich habe oft beobachtet, dass ein Patient erst durch die Gabe eines homöopathischen Mittels erkennt, welche Möglichkeiten und Handlungsalternativen ihm überhaupt zur Verfügung stehen. Oft öffnen sich nach der Verabreichung des passenden Mittels Wege und Türen, die vorher auf Grund des inneren Dramas überhaupt nicht gesehen wurden. Die Einnahme der passenden homöopathischen Mittel macht es zudem leichter, die Geschehnisse zu reflektieren und den eigenen Anteil daran zu erkennen. Dadurch ist es möglich, dementsprechend daraus zu lernen und mittels dieser erworbenen „Lernhilfe" die erforderlichen Selbstkorrekturen einzuleiten.

Gleichzeitig verändert sich auch die energetische Resonanz und damit eröffnet sich ein völlig neues Erfahrungsfeld. Sammelt man infolge dieses Veränderungsprozesses neue, möglicherweise positivere Erfahrungen, kann man seine Glaubenssätze überdenken und gegebenenfalls verändern. Dadurch kann man in seiner Entwicklung eigentlich nur profitieren. Man erlebt durch genau diese starken transformierenden Prozesse, wie auf einer persönlichen und überpersönlichen Ebene völlig neuartige Dinge entstehen. Die guten Zeiten und Erlebnisse mehren sich eben durch die veränderte Erfahrung und werden immer mehr zu einer Gewohnheit, die sukzessive Unpassendes, Belastendes oder sogar Krankhaftes völlig an den Rand des eigenen Seins drängt.

Natürlich nur, wenn man beschließt, sich auch ohne großes Drama entwickeln zu wollen. Manche Menschen sind geradezu süchtig nach Dramatisierungen und fühlen sich ohne sie ein wenig nackt und verloren.

Naturheilkunde im Allgemeinen wird Sie nicht ganz ohne Krankheiten lassen, es ist lediglich ein anderer Umgang mit dieser zwangsläufigen menschlichen Erfahrung. Ganz ohne Krankheiten erwachsen zu werden wäre seltsam. Stellen Sie sich vor, Ihr erster grippaler Infekt erwischt Sie erst im Alter von 23 Jahren. Da geht sofort die Welt unter, da Sie bislang keine Erfahrung damit machen konnten, dass ein Infekt wieder vorbei geht.

Vererbte Muster

Ist man als Erwachsener krank, greift man automatisch auf die Muster seiner Kindheit zurück. Und zwar was den Umgang, die Haltung und ebenso das Gefühl der Krankheit gegenüber betrifft. Genauso greift dieses Repertoire, sobald man eigene Kinder hat. Hatten beispielsweise die eigenen Eltern Angst, wenn man als Kind gefiebert hat, so wird man selbst höchstwahrscheinlich auch mit Angst auf das eigene Fieber (und später dann auf das seiner Kinder) reagieren. Hat die Großmutter damals in einem solchen Fall Wadenwickel angelegt, so greift man heute bei Fieber ohne lange nachzudenken ebenfalls zu den feucht-kalten Handtüchern.

Die Erfahrungen aus der Kindheit können sich so fest ins (Unter-)Bewusstsein geprägt haben, dass ein Vater, der als Kind selbst häufig Ohrenschmerzen hatte, bei gleichem Symptom seines eigenen Kindes ausruft: „Ja, dass kenne ich von mir. Da muss man ins Krankenhaus. Das muss aufgeschnitten werden!" Und zwar aus dem Grund, weil es vor 30 Jahren eben genauso gemacht wurde sowie danach stets Erleichterung eingetreten ist. Dass der Vater als Kind jedoch jeden Winter bis zu dreimal diese Prozedur hat über sich ergehen lassen müssen und es dennoch immer wieder auftrat, ist häufig ein erster Anlass, um auf eine „ganzheitliche" Heilung einzugehen.

Unser Körper – Seismograph unseres Umfelds

Unser Körper ist aus einer ungeheuren Vielfalt an Substanzen aufgebaut. Diese agieren innerhalb eines für uns kaum nachvollziehbaren intelligenten Zusammenspiels. Die greifbaren organischen Stoffe sind in feinster Präzision und gleichzeitig in einem gesunden Maß an Chaos permanent während der chemischen und physikalischen Prozesse aufeinander abgestimmt. Und das über einen sehr langen Zeitraum, manchmal sogar 100 Jahre am Stück, durchgehend, ohne Feiertag. Diese Prozesse reagieren zuverlässig auf unser emotionales Befinden, die Haltung beziehungsweise unsere geistige Ausrichtung und die Erwartungen gegenüber unserer Umwelt.

Die heutige Medizin ist in Akutfällen wunderbar, wobei sie bei chronischen Krankheiten oftmals deplatziert und hoffnungslos wirkt.

Diese Tatsache ist für die meisten von uns schwer nachvollziehbar, aber sie ist Fakt. Keiner kann (nach unserem heutigen Wissensstand zu dieser Thematik) allen Ernstes annehmen, dass er in ein Krankenhaus gehen kann, ohne sofort auf dieses Umfeld zu reagieren. Unter diesem Gesichtspunkt werden die Wellness-Oasen, Day-Spas und ähnliche „Inseln der Erholung" in Zukunft mit Sicherheit zunehmend gefragt und frequentiert sein. Frei nach der Devise: Vorbeugen statt Nachsehen. Oder: Lieber frühzeitig in angenehmem Ambiente die Gesundheit pflegen als später in einem Krankenhaus „dahinzusiechen". Denn der Zeitaufwand wäre am Ende unseres Lebens annähernd der gleiche.

Ich möchte nicht, dass hier der Eindruck entsteht, ich hätte etwas gegen Krankenhäuser. Im Falle der Notfallmedizin, der Zahnheilkunde und unter bestimmten Umständen, bin ich sehr glücklich, dass sie uns in dieser Form und im aktuellen Standard (wie wir sie hier in Mitteleuropa haben) zur Verfügung stehen.

Ich denke, wir sollten lernen, mit unserem inneren „Feuer" umzugehen und nicht immer nur Brände zu löschen.

Von den Naturvölkern lernen

In unserem Kulturkreis werden Babys gerne weggelegt, damit die Eltern ihrer (Haus-)Arbeit nachgehen können. Und mit halber Aufmerksamkeit ist der Fleißige immer beim Kind, um kein Zeichen des Unwohlseins zu versäumen. Dies bekommen die Kinder spätestens ab einem halben Jahr ganz genau mit und fangen an, damit zu spielen. Besonders, wenn sie sich langweilen. Somit geht unsere Aufmerksamkeit zum Sprössling und ist selten ganz bei unserer Arbeit. Und ziemlich schnell kann das Gefühl aufkommen, keinem von beiden mehr gerecht zu werden.

Schöner wäre es für beide Seiten, würden wir (ähnlich wie die Naturvölker) das Baby in ein Tragetuch legen und damit unseren Säugling zum „Tragling" erheben. Unsere Aufmerksamkeit kann so ganz bei unserer momentanen Tätigkeit bleiben. Und wir spüren jederzeit auf der körperlichen Ebene, wann das Kleine etwas braucht.

Das Kind ist außerdem nicht immer im Fokus der Aufmerksamkeit. So verhindert man eine spätere „Mittelpunktssüchtigkeit" und das Kind kann leichter den Rhythmus der Erwachsenen annehmen.

Getragene Kinder stehen nicht im Mittelpunkt, werden aber in ihren Bedürfnissen wahrgenommen.

Zeit für sich!

Und trotzdem ist es unglaublich wichtig, in dieser frühen Elternphase regelmäßig eine Auszeit speziell für sich selbst zu nehmen. Das Kind ganz bewusst einer Vertrauensperson zu überreichen, loszulassen und etwas ganz allein für sich zu tun. Das kann eine Stunde Yoga sein oder eine ausgiebige Auszeit zur persönlichen Körperpflege. Ist das Kind vorher gut versorgt worden (damit meine ich, dass es „satt" ist an Nahrung und Zuwendung), können Sie es ohne schlechtes Gewissen quäken oder andere Unmutsbekundungen äußern lassen.

Es ist die besondere Herausforderung aller Eltern, eine gesunde Balance zwischen liebevoller Hinwendung zum Kind und wertvoller Zeit für sich selbst zu finden und das „neben" den Notwendigkeiten, die ein Familienalltag so mit sich bringt.

Dafür wünsche ich Ihnen viel Mut, Kraft und Zuversicht.

In ❤ Licht und Liebe ❤

Ihre Pythorea Petra Rosival

Danke

Ein paar Worte des Dankes möchte ich hier mit einfließen lassen. Ein Dank an meine Ahnen und Eltern, ohne die ich nicht hier wäre. Danke an meine Mutter, die so viel in mir sieht, sich mit mir auseinandersetzt und mir schon immer alles zugetraut hat trotz ihrer eigenen Ängste.

Danke an meine Kinder, die mich so viel reicher machen an Erfahrung, Geduld und Liebe.

Danke an all die Beziehungen zu all den Menschen, die mich gelehrt, gefordert, genährt und zu dem gemacht haben, wer ich heute bin. Und an all jene, die mein Projekt „Buch" unterstützen und daran gearbeitet haben, an seine Wichtigkeit glauben und sich diesen Beitrag für die Menschen wünschen.

Literaturliste

Da ich seit über zwanzig Jahren lerne, Ausbildungen mache, Vorträge höre und lese, ist es nahezu unmöglich, meine einzelnen Darlegungen genau zuzuordnen. Von wem ich dieses Wissen habe oder wie ich zu dieser Erkenntnis gekommen bin. Deshalb habe ich hier eine Literaturliste von Büchern zusammengestellt, die mich nachhaltig geprägt haben, die wichtige Informationen vermitteln oder einfach nur interessante weiterführende Literatur darstellen.

Psychologie und Neugeborene:

Berne, Eric
Spiele der Erwachsenen,
rororo 1970

Biddulph, Steven
Männer auf der Suche,
Heyne-Verlag 2003

Gottman, John M.
Die 7 Geheimnisse der
glücklichen Ehe,
Ullstein-Verlag 2002

Juul, Jesper
Dein kompetentes Kind,
rororo 2009

Juul, Jesper
Pubertät – wenn erziehen nicht
mehr geht, Kösel-Verlag 2010

Klaus / Klaus
Das Wunder der ersten Lebenswochen, Goldmann Verlag, 2003

Leboyer, Frédérick
Sanfte Hände, Kösel-Verlag 1999

Miller, Alice
Sämtliche, v. a. Drama des begabten Kindes, Suhrkamp 1979
Am Anfang war Erziehung,
Suhrkamp 1983
Du sollst nicht merken –
Variationen über das Paradies-Thema, Suhrkamp 1983

Riemann, Fritz
Grundformen der Angst,
Reinhardt 2009

Gesundheit:

Batmanghelidj, Dr. Faridun
Sie sind nicht krank, Sie sind
durstig, Vak-Verlag 2012

Boericke, William
Handbuch der homöopathischen
Materia medica, Haug 2004

Clark, Hulda R.
Heilung ist möglich, Knaur 2000

Coulter, Harris L.
Impfungen – der Grossangriff auf
Gehirn & Seele, Hirthammer 1993

Delarue, Fernand und Simone
Impfungen – der unglaubliche
Irrtum, Müller & Steinicke 2008

Fischer-Rizzi, Susanne
Medizin der Erde – Heilanwen-
dung, Rezepte und Mythen unserer Heilpflanzen, AT-Verlag 2010

Grätz, Joachim-F.
Sind Impfungen sinnvoll?,
Tisani Verlag 2012

Madejsky, Margret
Alchemilla, Eine ganzheitliche
Kräuterheilkunde für Frauen,
Goldmann Verlag 2000

Madejsky, Margret
Lexikon der Frauenkräuter,
AT Verlag 2008

Pahlow, Mannfried
Das große Buch der Heilpflanzen,
Graefe und Unzer 1989

Rippe, Olaf
Paracelsusmedizin,
AT Verlag 2002

Rosival, Dr. Vera
Die homöopathische Haus-
apotheke in Bildern,
Dr. Vera Rosival Verlag 2004

Rosival, Dr. Vera
Die Familie und das hyperaktive
Kind, Graefe und Unzer 1999

Rosival, Dr. Vera
Wegweiser zur
Naturheilkunde,
Dr. Vera Rosival Verlag 1997

Rosival, Dr. Vera
Homöopathie – Konstitutions-
mittel in Karikaturen,
Dr. Vera Rosival Verlag 2003

Schönfelder, Ingrid und Peter
Der neue Kosmos Heilpflanzen-
führer, Kosmos 2001

Treben, Maria
Gesundheit aus der Apotheke
Gottes, Ratschläge und Erfah-
rungen mit Heilkräutern,
Ennsthaler 2010

White, Ian
Australische Bush Blüten,
Laredo Verlag 1994

Willfort, Richard
Gesundheit durch Heilkräuter,
Rudolf Tauner Verlag 1979

Weltgeschehen, Philosophie oder (para-)wissenschaftliche Darlegungen:

Bauer, Joachim
Das Gedächtnis unseres Körpers, Eichborn Verlag 2002

Briggs / Peat
Die Entdeckung des Chaos, Carl Hanser Verlag 1990

Davidson, John
Das Geheimnis des Vakuums, Omega Verlag Bongart-Meier 2000

Emoto, Masaru
Die Botschaft des Wassers: Sensationelle Bilder von gefrorenen Wasserkristallen, Koha 2010

Gawlik, Dr. Willibald
Götter, Zauber und Arznei, Barthel & Barthel Verlag 1994

Liedloff, Jean
Die Suche nach dem verlorenen Glück, Beck 2009

Lipton, Bruce
Intelligente Zellen, Koha 2006

Mantak, Chia
Feuerwerk der Lust – Mit den Geheimnissen des Tao zur sexuellen Erfüllung, Goldmann 2003

Murphy, Dr. Joseph
Die Macht des Unterbewusstseins, Ariston 2005

Tagaras, Alexandros Sun Eagle
Wildnisfamilie – Ein Jahr leben wie ein Naturvolk, Re Di Roma-Verlag 2013

Rinpoche, Sogyal
Das tibetische Buch vom Leben und vom Sterben Otto Wilhelm Barth Verlag 1994

Robbins, John
Food Revolution, Nietsch 2003

Sasportas, Howard
Uranus, Neptun und Pluto im Transit, Chiron-Verlag 2005

Schaffer, Ulrich
GrundRechte – Ein Manifest, Kreuz Verlag 1988

Scholten, Jan
Homöopathie und die Elemente, Stichting Alonnissos 2004

Sykes, Bryan
Die 7 Töchter Evas, Bastei Lübbe 2009

Voss, Jutta
Das Schwarzmondtabu, Kreuz Forum 2006

Bezugsquellen

Klösterl-Apotheke
Waltherstraße 32 a
80337 München
Telefon (089) 54 34 32 11
Fax (089) 54 34 32 77
www.kloesterl-apotheke.de

Linden-Apotheke
Kellerstraße 38
85276 Pfaffenhofen
Telefon (0 84 41) 7 64 64
Fax (0 84 41) 8 39 58
www.lindenapo-paf.de

LUNASOL-Kosmetik der
Laboratorium SOLUNA
Heilmittel GmbH
Artur-Proeller-Straße 7
86609 Donauwörth
Telefon (09 06) 7 06 06 20
Fax (09 06) 7 06 06 78
www.lunasol.de

novis naturalis GmbH
Karl-Böhm-Straße 122
85598 Baldham
Telefon (0 81 06) 2 13 02 01
Fax (0 81 06) 2 13 02 03
www.novis-naturalis.de

„Wurzelsepp"
Wilhelm Lindig
Kräuterparadies
Blumenstraße 15
80331 München
Telefon (089) 26 57 26
Fax (089) 23 26 98 57
www.phytofit.de

Pythorea Petra Rosival
Heilpraktikerin
Roßmarkt 194
86899 Landsberg am Lech
E-Mail om@pythorea.com
www.pythorea.com

Die Natur
Überall und immerdar!

Stichwortverzeichnis

Wegweiser zur Naturheilkunde

Oft kommt die Schulmedizin bei bestimmten Krankheiten nicht weiter – hier erzielt die Behandlung mit naturheilkundlichen Methoden jedoch sensationelle Erfolge. Das Konzept der biochemisch-homöopathischen Stoffwechselregulation (BIHOST) vereint die nebenwirkungsfreie Heilweise der Homöopathie mit den unterschiedlichsten Steuerungsmöglichkeiten biochemischer körperlicher Prozesse. Mit Hilfe zahlreicher Therapieempfehlungen finden Sie in diesem Buch Ihren individuellen Weg zur Gesundheit.

Dr. Vera Rosival Verlag, München, 3. Auflage
ISBN: 3-928355-00-7
224 Seiten, 28,– Euro

Homöopathische Hausapotheke in Bildern

60 homöopathische Mittel zur Behandlung von aktuen und chronischen Beschwerden erläutert in verständlichen Texten, vorgestellt in einprägsamen Karikaturen, versehen mit genauen Anwendungs- und Dosierungsvorschriften.

Dr. Vera Rosival Verlag, München, 6. Auflage
ISBN: 3-928355-02-3
154 Seiten, 15,– Euro

Meditations-CD

Diese Meditations-Doppel-CD beinhaltet eine geführte Reise durch die Chakren, die es Dir ermöglicht deine Energie in den Chakren zu aktivieren. Die zweite CD ist die begleitende Musik ohne sprachliche Anleitung zur bewussten Atemmeditation oder als Hintergrundmusik. Diese CD ist die ultimative „Energienahrung" für einen ausgeglichenen kraftvollen Tag.

aqua living®
„Frisch gepresstes Wasser" in **Bio** Qualität

Frisch gepresstes

Wasser

in **Bio** Qualität

Testen Sie
JETZT
kostenfrei

---

aqua living®
„Frisch gepresstes Wasser" in **Bio** Qualität

- ❏ Termine Wasservorträge in meiner Region
- ❏ Infos zur *spring-time*® *420*
- ❏ Links zu Dokumentationen über Trinkwasser
- ❏ Persönliches Beratungsgespräch
- ❏ Die *spring-time*® *420* kostenfrei testen
- ❏ Geschenk*: VitaJuwel Edelstein- Phiole „Wellness" (Wert 59,95 €)
  *Beim Kauf einer spring-time® 420

Name, Vorname	
Straße, Nr.	
PLZ, Ort	
Tel-Nr.	
E-mail	
Ort, Datum